媽媽一定要學會的關鍵33句話

12歳までにかけてあげたい　東大脳が育つ 魔法の言葉

谷愛弓◎著　連雪雅◎譯

父母說的話是「雙面刃」，
「一句話」就能影響孩子的發展！
讓孩子未來不一樣，
父母一定要知道的33句關鍵對話！

作者序

一句話，決定孩子的未來

大家好！我是谷愛弓，非常感謝各位閱讀本書。能夠透過本書與各位交流，我由衷地感謝。如果您是第一次接觸我的作品，接下來請容我做點簡單的自我介紹。

我有一個正在東京大學（註）攻讀獸醫系的兒子。他考上東大是在二〇〇九年的春天。但是他並沒有補習，我也沒有花很多心力在他身上，當時他只報考了東大這所學校，最後也順利地考取了。

後來有人問我「**到底要怎麼教出聰明的小孩？**」於是我一邊

回想過去與孩子的相處狀況，一邊用文字記錄下來，我的第一本書就這麼誕生了。令人開心的是，因為第一本書引起了廣大迴響，所以我又有機會再出版第二本書。

★望子成龍，望女成鳳。你該怎麼做？

請問各位對你的孩子有什麼期望呢？

「想讓小孩贏在起跑點，幾歲唸幼稚園比較好？」

「學才藝的孩子不會變壞，要幾歲讓小孩學習才藝？」

「如何讓孩子長大後進入公立的名校讀書？」

註：東京大學（簡稱「東大」）是日本第一學府，也是世界頂尖的學術殿堂，不少首相等級的政治人物、科學家、文學家、藝術家等出身於此，每年都有許多學子競爭進入東大就讀。

身為父母，一定會對孩子抱著許多美好的期望。首先，到底該怎麼做才能讓孩子變得聰明又懂事？相信父母們一定有許多疑問吧？

「如果能夠不花錢就盡量不要花錢。」

「最好是現在就能馬上實踐。」

「能夠讓孩子一點就通的方法。」

這應該也是許多父母的心聲。出版第一本書之後，我舉辦過數次演講及研習會，從中我了解到媽媽們想知道的，其實都不是很難的事情，而是能在忙碌的日常生活中，馬上實行的簡單方法。

★一句話，決定孩子悲傷或快樂

「幫助孩子快速發揮潛能」的方法是什麼呢？

很簡單，就是「說話」。或許有人聽了會覺得很訝異，但是許多專門研究大腦或心理的學者都認同言語的威力及對於人生的影響力。本書的第一章也針對這個理由進行了說明。而且，我也是因為別人對我說的話，才開始從家庭主婦變成親子溝通講師。

因為有人告訴我「你應該出書才對」，我才有了寫作的念頭。因為有人問過我「你明明很獨立自主，為什麼不試著改變？」讓我下定決心改變現況。至今我仍然會從別人所說的話得到勇氣，然而，我也深深感受到，**父母親一句無心的話，就會讓孩子感到悲傷或失去自信，言語的威力真的很驚人。**

★媽媽的話，能讓孩子學會「堅強」

因此，這次我以「說話」為主題寫下這本書，其中也提到培養孩子「獨立思考、自律積極」的教養方法，在日常生活中立即就能實行。相信這些方法能讓孩子為將來訂立遠大的目標及夢想，努力尋求堅強自立，並從中找到自我價值。

我讓孩子自己決定他的未來。**因為我認為比起考上好學校，「未來由孩子自主規劃」這件事才更有價值。**所以，本書的內容並非是「讓孩子考上好學校的方法」，而是「讓孩子開創自己的路，堅強度過人生的方法」。

書中提到的都是我無意或有意對孩子說的話，也是希望每一位父母都能對孩子說的話。如果看完本書後，能讓你產生「**原來如此！這樣的話我也辦得到！**」、「**原來只需要簡單的言語，不用大發脾氣，就能好好教養小孩！**」的想法，我會感到非常榮幸。

谷愛弓

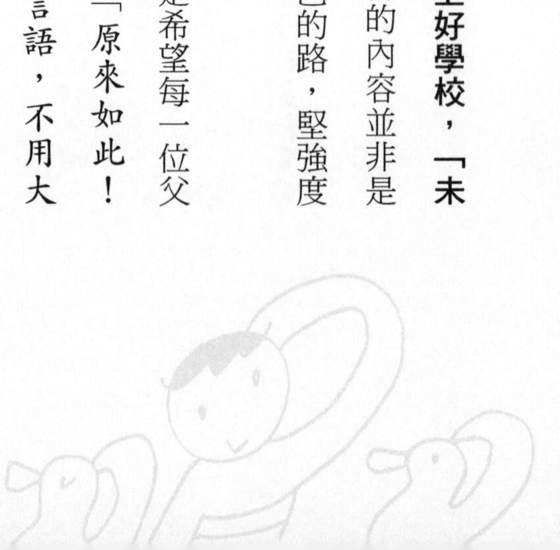

Part 2 建立孩子自信的7句話 42

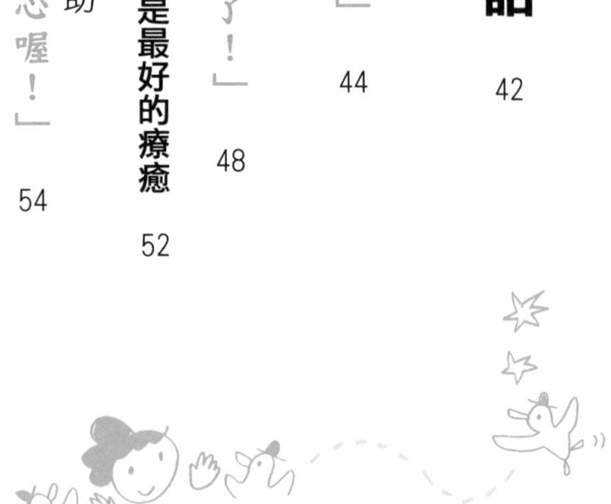

Part 3 提升孩子鬥志的10句話

Part 5 讓孩子走出低潮的8句話 134

Part 6

讓孩子虛心反省的11句話

Part 7 培養孩子獨立的15個練習 200

Part 1

無心說錯話，孩子會照單全收

「說話」是教養的大關鍵

孩子不懂篩選言詞，爸媽説的話會像錄音一樣被牢牢記著。

「説教」是雙面刃，運用得當便是教養孩子的好工具；

反之則可能毀了孩子一輩子。

教養孩子，開口前務必三思。

一句話，就能改變孩子的一生。

01 媽媽的口頭禪，決定孩子的一生

「只要努力，夢想一定會實現！」

母親如同大地，孕育了每個生命的到來，也象徵著所有的根基。小寶寶在母親體內成長、出生，開啟了人生的第一頁。將母親比喻成「大地之母」一點也不為過。媽媽從小形影不離在身邊照顧孩子，**她們說出的一字一句都會影響孩子的「思考模式」與「價值觀」。**

★常說正面的話，孩子的心態才會健全

成長過程中，周遭其他大人所說的話，或是新聞媒體散播的資訊也都具有深刻的影響力。如何把孩子培育成未來的人才？關鍵就在於「說話」。

「只要努力，就會有好結果。」
「堅持不放棄，夢想一定會實現！」
「活著是令人感恩的事。」
「人心是溫暖的。」
「人生是快樂又美好的！」
「未來充滿希望。」
「對將來好期待。」

常常說這些積極正面的話語，孩子就會在健康的心態下長大。人類的大腦一旦產生信念，就只會選擇接收正面的資訊，排除消極的想法，人生朝著光明的方向前進。然而，如果老是說：

「夢想這種東西是騙人的。」
「現在的人都很冷漠。」
「別人最喜歡看到你失敗。」
「再怎麼努力也沒用啦！」
「未來的日子會更苦。」

諸如此類負面的話語，會使孩子萌生悲觀的心態，行動消沉。假如希望孩子擁有光明正面的人生，將來能過得幸福，那麼父母及其周遭的大人就必須多把積極正向的話掛在嘴邊，這是讓親子雙方都能獲得幸福的最大原則。

孩子需要「積極話」，請多給一些

夢想這種東西
只是在做夢！

媽媽老說些負面的話，
孩子的人生就會變得消極。

不要怕，
你的夢想一定
會實現唷！

媽媽只要多說正向的話，
孩子的心態也會變得積極。

02 正面的話有能量，可以改變孩子的行動力

「上學好好玩喔！」

人的大腦有種習性，會將言語聯想成圖像（影像）。日文裡漢字的語彙很豐富，光是寫成小說，大概就需要用到6萬個語彙；英語約莫2萬個就夠了。由此可知，我們是多麼地重視語言，深受言語的影響。

以「**學校很有趣！**」這句話為例。聽到這句話，腦海中立刻會浮現在學校裡與同學快樂嬉戲的畫面，產生「快樂」的情緒反應，進而想要採取行動，實現這些畫面。也就是——變得想要上學。

請各位記住一件事，**人的所有行動都是為了獲得「快樂感受」，或避**

開「不快樂感受」而產生的。就前面的例子來說，孩子如果一直聽到「學校很有趣喔！」這句話，為了獲得「快樂」的感受，他就會很想展開行動，也就是趕快「去上學」。

★孩子的行為很直接，騙不了人

反之，如果聽到「**學校很無聊！**」這句話，腦海中就會浮現坐在教室裡手托著下巴、嘴角下垂的無趣模樣。那樣的畫面自然無法引起「快樂」的感受，只會令人感到「不快樂」。

因此，為了避開「不愉快」，採取的行動就是「不去上學」，或是「不想上學」。請各位試著大聲說「**好開心**、**好快樂**、**好幸福！**」，然後想像無聊或生氣的表情。如何？不太容易對吧。**一個人的行為一定是受**

心裡的感受所影響，尤其是孩子，想什麼就會做什麼，絲毫無法遮掩。

將說出的話在腦中想像畫面，然後根據產生的情感，選擇接下來的行動。行動的結果成為現實，並且不斷累積形成所謂的「人生」。所以，父母們對於即將說出口的話，請仔細地思考、慎選用字遣詞，讓話語具有正面意義，是非常重要的一件事。

人會選擇做「快樂」的事

負面的話語會產生「不愉快」的感受。

正面的話語會產生「快樂」的感受。

「快樂」多一點，
行動也會變得積極一點。

大手拉小手專欄

教孩子「謙虛」，更要教他「接受讚美」

謙虛是一種美德，但讓孩子習慣接受他人讚美也很重要。即使受到稱讚，父母也總是會以「**不不不，沒那回事**」來回應對方。但這樣是很失禮的回應。就像別人送你禮物，你卻說「**我不要**」將禮物推回對方手中一樣。這個時候，其實只要坦率地說聲「**謝謝**」接受就好了。

不光是自己，當你的孩子受到稱讚時也應該如此。年紀較大的孩子肯定知道什麼是「謙虛」，但還在唸幼稚園或國小的孩子並不了解。

於是，當別人誇獎你的孩子「**真是個懂事聰明的好孩子**」時，如果你回答「**那有呀！才沒那回事。這孩子在家很不聽話，讓人很頭痛**

呢！」，**孩子就會產生誤解，並在心裡暗自難過「原來媽媽覺得我是個令人頭痛的小孩」。**

★「客套」的成人禮節不適用於孩子

讚美、鼓勵的好意反而招致了反效果。當然，在他人面前不需要過度地稱讚孩子，但若是別人主動給予稱讚，那麼請以「謝謝」回應就好。高明的回應技巧，關鍵在於「將功勞歸於他人」，例如「**這都是託您的福**」或「**這都是老師教得好**」。把得到的「感謝」轉移到其他人身上。

此外，在家時也請大方地讚美孩子。**只要讓孩子感受到「被誇獎是因為別人的幫助」，並且產生感恩的心情，就不必擔心孩子被稱讚後會變得驕傲。**父母的一言一行，孩子都清清楚楚地看在眼裡。

03 語言，有瞬間改變氣氛的魔力

大腦對於「消極的話語」很敏感

言語有一種力量，可以瞬間改變現場的氣氛。現場的氣氛，指的是人與人之間的感情。

如前文所述，言語會引發連鎖反應，它讓我們聯想到影像，進而產生感情變化。就好比在一杯水裡滴入一滴墨汁，沒多久整杯水都染黑了。

★「負面的話」利如刀，只要一句，就能傷人

同樣的情況，**假設一群人聊的事情都很正面，卻有個人故意唱反調似地說起負面的言論，當下的氣氛就會立刻改變。**另外，總是懷抱著夢想積

極生活的人，只要聽到一句消極的話，情緒可能就會低落好一陣子。

「負面力量」對人的影響總是強過「正面力量」，人類的思考模式本來就偏向消極。討厭變化、只想維持現狀，準備行動時，就會先設想有什麼阻礙，覺得事情一定無法順利，或是為自己找「做不到的理由」。

換言之，**人總會忍不住去想令自己擔心或不安的事。**因此，比起正面的話語，你我更容易受到負面言語的影響。負面的話語具有強大的破壞力，只要一句就能讓整場的氣氛瞬間被污染。很驚人對吧？

★父母開口前，務必三思

說到這兒，相信各位已經了解慎選遣詞用字的重要性了。因此開口前請務必留意，別讓自己說的話成為孩子大腦的污染源。

替孩子營造正面的氣氛，擁有樂觀態度。**當孩子訴說自己的夢想時，**

不要出言否定，好好期待他們實現夢想的那一天。

一句話就能改變人生

大腦對於「消極的話語」很敏感。

只要一句消極的話，

內心就會馬上被污染。

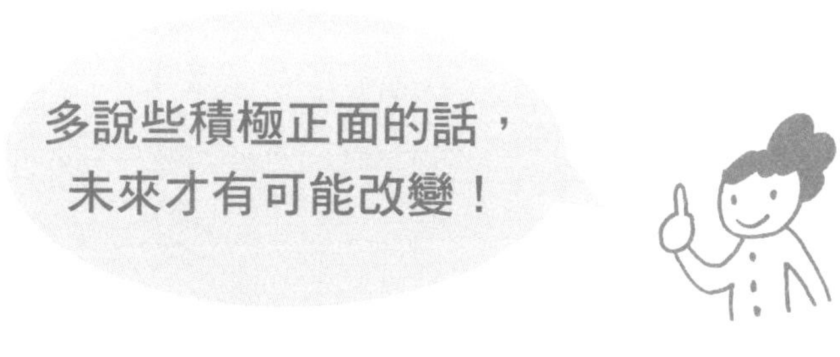

04

一句話，能讓孩子「肯定自己」

「你真懂事」、「你好認真」、「你真有愛心」

「自我定位」指的是「如何看待自我、找到自己的位置」。我們的言行舉止會為了未來的人生目標，努力改變成自己想要的樣子。

例如，當你想著「我的個性很討人喜歡」，於是走到哪兒都不會怕生害羞，能夠大方地笑著向他人打招呼，結果每個人都很喜歡與你相處。

反之，**若你心想「我不太會和人互動」，每次看到人就變得畏縮，即便對方想和你親近，最終還是會以尷尬收場。**雖然經驗的累積可以幫助孩子找尋自我定位，但是父母的信念和期望還是具有最大的影響力。

★孩子會努力變成父母想要的樣子

試問各位，小時候是否曾聽父母說過「你真是調皮」、「你真是不認真」、「你真是愛哭」等定位你個性的言語，結果你真的不知不覺就變成那種個性呢？**孩子不會去懷疑別人說的話，他們會全盤接受，並持續做出父母期望的行為**，來加強自我定位。

基於這樣的想法，當你對孩子說「你真是○○」時，應當了解「○○」該填入或不該填入什麼話了吧？父母對孩子說的每句話真的非常重要！

大手拉小手專欄

「3階段」教養方式，決定孩子的成長

★幼稚園～小學前　用肢體互動，表達讚美

對於還在唸幼稚園的小寶貝，隨時隨地對他說讚美的話就對了。在這個時期，父母可以盡情地為孩子每天的成長而喜悅，找到許多稱讚孩子的事情。孩子也會因為與父母的肌膚接觸感到開心，渴望有多一點的機會親近父母。

有些話孩子長大後不好意思說，但在這個階段都能大方地說出口。多透過語言及肌膚接觸讓孩子知道，他的誕生帶給你多大的歡樂，讓你多麼開心！

★小學一～三年級　尊重差異，不和別人比較

進入小學後，**孩子會開始了解自己擅長的事情是什麼，這時候不需要無謂的讚美，而是要針對孩子的能力或特質給予適時稱讚。**剛上小學時一切都覺得新鮮，但有些孩子會因為時間久了慢慢地感到乏味無趣。此時，有件事各位一定要記住，那就是**不要拿孩子和別人做比較。**

「應該可以做得更好啊！」父母親如果像這樣過度期待，就會看不見他們的優點。好好觀察孩子本身的成長，在適當的時機聊聊他們擅長的事、學會的事或正在努力進行的事。同時將孩子給予父母的喜悅透過語言傳達出來，像是「有你這樣的孩子真是太好了」、「真高興你在我身邊」，向孩子表達感謝的心情。

★小學四～六年級

鼓勵要「重質不重量」

「敷衍式讚美」對高年級孩子是行不通的。如果孩子能坦然接受大人的意見那倒還好，不過這時期的孩子已經開始有自己的想法，對於父母的讚賞，他們會分辨得出來是否出自真心，或只是隨口應付。

因此，出言鼓勵要重質不重量。**當孩子的表現有所成果，或是沒有成果但有努力付出的時候，就是最佳的讚美時機。**

稱讚不能只是說好聽的話，必須是「有理由的稱讚」。每個孩子需要的稱讚方式都不同，有些孩子是「有所成果時希望被誇獎」、有些孩子就是想聽別人大聲地說「你好棒！」有些則是只希望別人悄悄地對他說「你很努力喔」，或是希望對方「認同他做的事很專業」。

另外，將來的夢想如果常受到讚許，付諸實行的可能性也會越來越高，**但當孩子說起夢想時請認同他，多說些鼓勵的話，讓他產生實現夢想的信心。**

若孩子在學校受到霸凌或排擠，記得告訴他：「**不管發生什麼事我永遠站在你這邊！**」藉由這種具有保護性質且散發安心感受的話語，傳達你對孩子的愛。

Part 2

「自信心」是讓孩子長成大樹的基石！

建立孩子自信的7句話

「相信」的力量看不見、摸不到，但很強大。

一個人如果可以打從心底相信自己，做任何事都能無所畏懼。

孩子尚未累積太多經驗，不知道怎麼「證明」自己的能力，

父母用言語表達對孩子的肯定，就能從小培養他的自信心。

01

把愛「說出來」，讓孩子尊重自己

「謝謝你，選我當你的媽媽！」

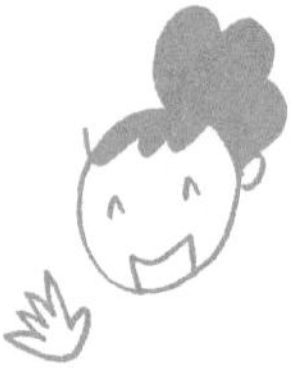

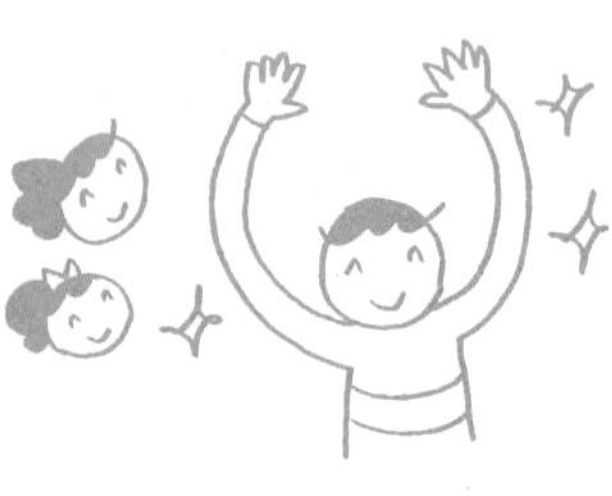

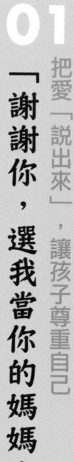

每一個生命的誕生都是極為難能可貴的奇蹟。新生命形成的機率是一億至四億分之一。而且要在母親的腹中發展成形、順利出生的機率更低，這根本是大學名校錄取率所無法比擬的。

因此，就算孩子不太會唸書、表現不符期待、學校成績總是差人一截，這些都只是像被蚊子叮的小事而已。

★珍視孩子的存在，感謝他的誕生

當你勞心勞力地付出，感到教養小孩很辛苦時，那正是父母成長的機會。或許有時你會覺得「**我根本不適合當個媽媽！**」內心因此感到歉疚。這時候，往往會產生「孩子無法選擇父母」的想法，但就精神面而言，每個孩子都是用自己的靈魂選擇了父母。

據說孩子們出生前會先在天上物色父母的人選，找尋讓他們覺得「**嗯！我**

要讓這個人成為我的媽媽！我要變成她的孩子！」的人。也就是說，**孩子們已經做好要與父母共度人生所有關卡的心理準備，才來到這世上**。所以，父母因為孩子而產生心理及生理的變化都是必然的，因為這些事都能讓親子雙方共同成長。這樣想的話，你就會覺得「真感謝孩子選擇我當他的媽媽！」

父母有時必須回歸原點重新思考，對孩子誕生的奇蹟心存感謝，讓自己有所成長。只要保持這樣的態度，孩子自然就會懂得重視自己。

有些話等到孩子長大後就會因為害臊而變得難以啟齒，**所以趁孩子小時候請多把握「說」的機會，經常讚頌、感謝他們的誕生。**

父母要與孩子一起學習、成長

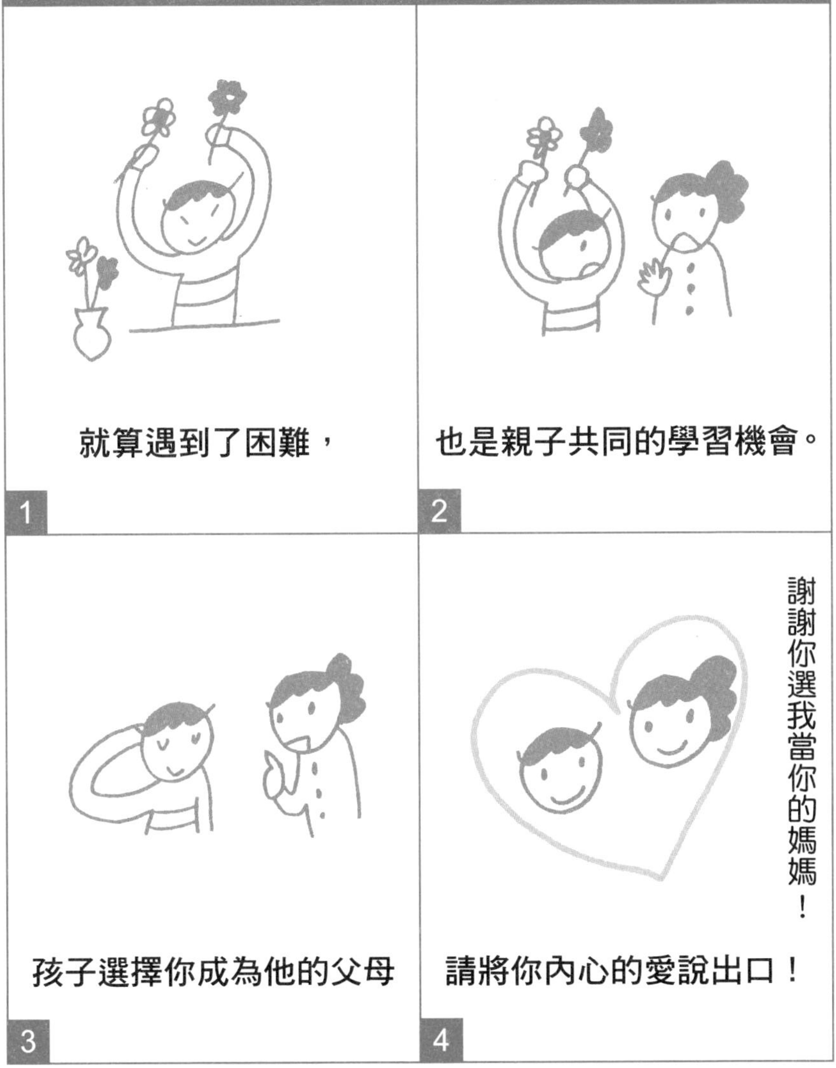
就算遇到了困難，
1
也是親子共同的學習機會。
2
孩子選擇你成為他的父母
3
謝謝你選我當你的媽媽！
請將你內心的愛說出口！
4

02

突然跟孩子說，我以當你媽為榮！

「可以當〇〇的媽媽真是太好了！」

「我真的很高興你是我的女兒！」

「可以當你的爸媽真是太好了！」

如果聽到的父母對你說這些話，會有什麼感覺呢？或許你會覺得「**幹嘛突然說這麼肉麻的話!?**」隨著年紀漸增，你可能覺得心裡怪怪的，有點難為情卻又不知該如何回應。但如果是我聽到父母這樣說，即使覺得難為情，內心卻有種放鬆安定的感覺，甚至有想哭的衝動。

「能夠做○○的媽媽真的很幸運！」請將○○放進寶貝的名字。這句話代表父母接納了孩子所有好與壞，並且坦率地表達身為父母的喜悅。

孩子聽到這句話時，會覺得自己的存在被父母接受，並且感到安心。然後對自己產生這樣的認同：「活著真好。我的存在是有價值的！」提高孩子的自我肯定度。

★告訴孩子，以身為他的父母自豪

「自我肯定」如同字面所述，就是肯定自己的一種想法，這是存活在這世上最重要、最基本的情感。

缺乏自信、自我肯定度低的孩子，無論在家或學校都會感覺不安，能讓他們覺得愉快的場所或事物也很少，與他人的互動不佳，總是孤伶伶的一個人。

相反地，根據調查結果，**自我肯定度高的孩子不管身處何地都很安心自在，不受場所或情況的影響，總是能樂觀面對任何事**，在學校或參加社團很容易就交到朋友，行動也較積極。

因此，**想讓孩子愉快地面對人生，父母親最應該做的就是——提高孩子的自我肯定度**，關鍵在於無條件地接納孩子的一切，讓他們感到安心。

請試著對孩子說些表達完全認同的話語，像是「可以當你的媽媽真是太好了！」或是「**真高興你是我的孩子！**」就算沒發生特別的事也可以說。突然間笑著對孩子說也沒關係。這樣反而能讓孩子感到驚喜，並留下深刻的記憶。

大手拉小手專欄

偶爾抱抱孩子，就是最好的療癒

★用親密的肌膚接觸與孩子互動

「親密的身體觸碰」是療癒人心的必要行為。孩子長大後，親子間的肢體接觸就會變得越來越少。現今社會，就連夫妻間的身體觸碰也有漸漸減少的趨勢，這確實是個問題。不過對小孩來說，肢體接觸具有非常大的安撫作用。

小寶寶哭了就要抱抱他，這是一般人都知道的常識，但就算是幼童或小學生，偶爾一個緊緊的擁抱，或是抱起他們、讓他們坐在肩膀上、磨磨臉頰、親一下、牽牽手等，這類的親密動作也很重要。

因為人相互觸碰時，**彼此溫暖的肌膚、柔軟的身體觸感等，都能夠傳達無形而實質的關愛，給對方安心的感受，這是用言語無法達到的效果。**

而且，這些親密的肢體接觸，等到孩子唸國中或高中時再做，他們就會覺得很難為情。假如硬著頭皮去做反而會讓孩子厭煩。所以趁孩子還沒長大，多和他們有些親密的動作唷！

03

讓孩子知道，他的存在對你有所幫助

「只要和〇〇在一起，就好開心喔！」

★讓孩子樂於表現自己

請將「〇〇」放入寶貝的名字，每天起床後、上學前，記得大方並開心地跟他說這句話。

當孩子開始唸幼稚園或小學後，早上出門前總是會拖拖拉拉的、不會整理自己的物品、不唸書……這些事往往會讓父母感到心煩氣躁。

不過，請各位想一想。自從當了爸爸媽媽之後，不是也因為孩子獲得許多喜悅與樂趣嗎？當孩子還是小寶寶時，看到他們笑、翻身、爬行、說話……每個舉動都令父母親感到開心，並且歡喜地與家人分享這些事。

讓孩子認知到自己的存在能讓父母開心，他們就會產生自信，面對外人時才不會畏畏縮縮，有所顧慮，舉止落落大方。孩子有勇氣面對成長的環境，就能無拘無束地長大。

04

讓孩子知道你是他最大的支持者

「不管發生什麼事，我永遠站〇〇這邊喔！」

人是害怕孤獨的生物。有時你是否會沒來由地感到孤獨呢？人類的大腦只要稍不留意，很容易就會感受到獨自一人的寂寞。因此，我們會去尋找同伴，或是結婚建立家庭，聽到「**你不是自己一個人**」這樣的話就會感到很開心。那麼，孩子們也是如此嗎？

★父母是同伴，當孩子的「頭號支持者」

孩子們都渴望被寵愛，他們會無意識地觀察媽媽或周遭大人的臉色，告訴自己要做讓大人開心的事，要做一個好孩子。當他們開始上學後，也會試圖博取朋友或老師的好感。

然而，無法與他人有良好的互動或受到霸凌時，孩子就會喪失自信，內心充滿悲傷的情緒。**越是這種時候，父母越要讓孩子知道，自己絕對是他的同伴。**看到孩子低落沮喪，父母總是會忍不住煩躁地說：

「我早就跟你說過了，為什麼不聽呢？」
「看吧！你每次都這樣！」
請注意，這是完全錯誤的回應。其實，媽媽只要說一句話：
「不管發生什麼事，媽媽永遠站在你這邊喔！」這樣就能激勵孩子，讓他們產生積極振作的動力。

當孩子心情低落時，請支持他

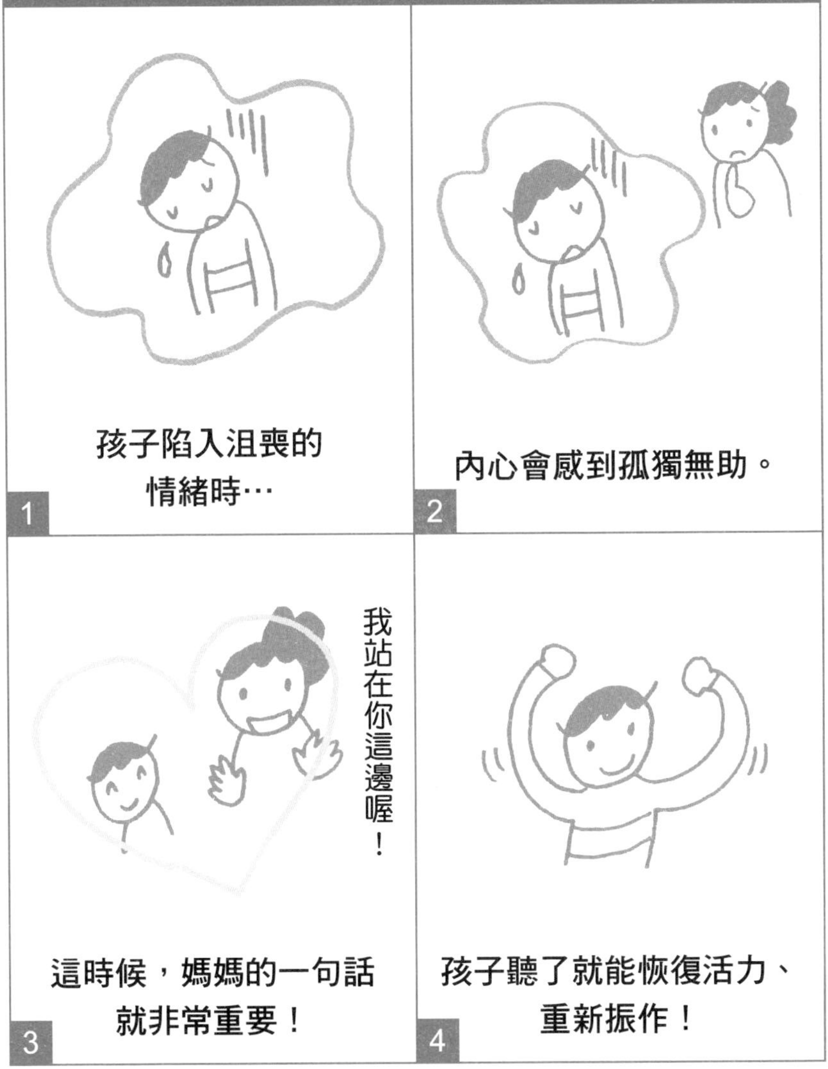
孩子陷入沮喪的
情緒時…
1
內心會感到孤獨無助。
2
我站在你這邊喔！
這時候，媽媽的一句話
就非常重要！
3
孩子聽了就能恢復活力、
重新振作！
4

05

表達不求回報的愛，肉麻一點沒關係的

「我好喜歡你喔！」

「**我好喜歡你喔！**」應該沒有人聽到這句話會覺得反感吧？當別人對你說了這句話，是不是有整個人被緊緊擁抱的感覺呢？如果說「我愛你」，有時候反而讓人感覺沉重、難為情。而「好喜歡」則會給人開朗活潑、充滿活力的印象。對方會開心接納完整的你，並且認同你是個特別的存在。不需要任何理由，就是「好喜歡」。

★「喜歡」是獲得幸福的魔法

孩子在成長過程中經常聽到這樣的話語，就會變得很喜歡自己，因而提高自我肯定度。說出「**我好喜歡你喔！**」這句話的同時，大腦也會開始尋找「好喜歡」的根源，然後變得越來越喜歡。

這是一句被施了魔法的話語，會讓父母與孩子都感到幸福快樂。所以面對孩子時不要感到難為情，請多跟他們說：「**我好喜歡你喔！**」

大手拉小手專欄

叫「名字」，孩子才會覺得「被認同」

你是否有發現成為母親後，別人總是以「李先生的太太」或「○○的媽媽」來稱呼你，自己的名字似乎漸漸在生活中消失。家人或老公也多以「媽咪」或「媽媽～」來稱呼自己，聽到名字的機會又變得更少了。

會叫你名字的人，頂多就是婆婆了吧。起初聽到別人喊自己「媽咪」、「媽～」的時候，或許會覺得新鮮、開心，但每天都聽到的話，漸漸覺得自己的存在好像消失了，有時會感到若有所失。

「名字」是這世上唯一專屬於你我的名詞。當中也包含了父母深切的心意。從出生後就一直被那麼稱呼，「名字」就是表現自我存在最直接的語言。**聽到別人叫自己的名字，感覺就像是受到了認同、重視。**

或許陸續生了幾個小孩後，你對孩子的稱呼會變成哥哥、姊姊這些代名詞，但「名字」可以讓孩子感到自己是世上獨一無二的存在，所以請多用名字稱呼孩子。

以「名字」稱呼孩子，讓他們感受自己的存在是有價值的。

06

主動表達為孩子的成長感到喜悅

「好棒，你真的長大囉！」

什麼時候你會出現「我的寶貝真的長大了……」這種深切的感觸呢？第一次能穩穩走路的時候、上幼稚園、背起書包的時候、興奮地參加社團活動、領到畢業證書的時候……，想必你腦中會閃過好幾個重要的時刻吧。

記得，遇到這些時刻別只是在心中讚嘆，請試著告訴孩子「你長大囉！」一開始先稍微保持距離，**扮演在遠方守護的角色，等在心中醞釀了足夠的情感，再對孩子那麼說。**

★「長大了」對親子雙方都深具意義

聽到這句話，孩子心裡會想「是喔，我長大啦!?」了解到自己有所成長，並且對父母的照顧與養育充滿感謝。

雖然這一句話聽起來讓人印象不深，但卻是一句「引導孩子認同自己」的話，並且坦率地為孩子的成長感到歡喜，意義十分深遠。

07

認同要「說出來」，孩子才願意和你分享

「哇是喔，原來是這樣啊！」

當孩子說話的時候，請先點點頭說「是喔、這樣啊」來回應。

一般的父母如果聽到孩子說的是可以認同的事，多半會聽一聽、點點頭，但若是無法認同的事就會打斷孩子說話，甚至開始教訓孩子、給予建議，說出自己的感想。

父母的用意是為了「導正」孩子的觀念，可是對於還在學習的孩子而言，那樣的感覺很難受。孩子總是希望得到父母的認同、接納。所以為了成為善於回應、傾聽的父母，你要做的就是「不否定也不肯定」，只要說「是喔、這樣啊」就好。

孩子聽到「是喔、這樣啊」，就會覺得自己的意見或想法被接受、認同，這比無謂的鼓勵或建議，更能令他們放鬆、安心。**這樣的安全感會讓孩子對自己充滿自信，做出更加積極的行動。**

大手拉小手專欄

做個「很有戲」的媽媽！

我一直都認為「媽媽們都是女演員」。因為媽媽們懂得運用誇張的反應，將言語之外的表現清楚地傳達給孩子，例如表情、肢體動作或手勢、音調等等。各位回想一下，兒童節目裡那些大哥哥、大姐姐的表情或手勢是不是都很誇張呢？這是為了讓孩子容易理解，豐富他們的感性程度。

「好厲害。」

「好厲害喔!!」

說這句話的時候，**只要語氣稍有不同，孩子感受到的「厲害程度」就會產生極大的差別。**

★誇張的情感，能培養孩子的想像力

培育一流選手的教練們都是稱讚高手，而且他們的表現力更是出色。高興的時候會用全身來表現內心的喜悅。以前我也覺得自己是個反應誇張的人。周遭的人常說：「谷小姐的反應就是很不一樣，讓人看了也變得很有活力。」

如果要誇獎孩子，就要盡量表現出驚訝、佩服或歡喜的感覺；若是要給予訓誡或導正他們的行為，就表現得很灰心、懊悔或悲傷，反應要比平常誇張好幾倍！——這是不二法則。**媽媽表現出明確的喜怒哀樂，可以培養孩子的想像力，情感也會變得豐富。**

Part 3

提升孩子鬥志的10句話

讚美，是孩子進步的動力

「讚美」像糖果一樣，是孩子的最愛，
那種愉悅快樂的感受會讓他們上癮。
尤其來自父母的誇讚，出於極度的愛與重視，
孩子為了獲得褒揚，可以傾盡全力、忘卻辛苦。
因此，父母只要善用讚美的言語，
便能引出孩子的鬥志，誘導他不斷進步。

01

孩子不是物品，父母不該拿來做「比較」

「好棒，你學會了耶！」

「隔壁鄰居的小孩都會，為什麼我們家的孩子就不會！」父母總是會拿自己的孩子與別的孩子相比，或是與兄弟姊妹做比較：「哥哥做得很好，偏偏這孩子卻……」這樣對孩子來說非常不好。不但會令他們難過，更會引起反抗的心理。如果一直與他人做比較，就很難有稱讚孩子的機會。

★利用孩子的好勝心，讓他樂於成長

真的要比較的話，**不妨拿孩子的過去與現在相比。一年前、半年前、一個月前，或是昨天和今天，把焦點放在孩子學會的事情上。**

當然，和他人比較也不全然是壞事，這麼做會激發孩子的好勝心。讓好勝心發揮正面效果的先決條件是，孩子要「自發性」的那麼想：「**我要比那個人更厲害！我要贏過他！**」萌生自我激勵的正面想法。如果只是擅自把孩子與其他人做比較，並無法刺激孩子成長的意願，父母親請務必留意。

02

讚美，要誇張一點！孩子就會充滿幹勁

「哇！這麼厲害呀！」

我常對孩子發出「哇！」這種語助詞，就像是口頭禪一樣。或許有人會覺得這樣不夠正經。但在日常生活與孩子對話的時候，**我總會用誇張驚訝的語氣說「哇！」有時也會視情況再補上一句「好厲害喔～！」**

雖然「哇！」只是短短的語助詞，但其意義與效果卻很大。說的時候表情要顯得相當驚訝，音調也是如此。

★讓孩子得意卻不過於驕傲

即便孩子只是做了一件小小的事情，但只要大人表現出非常驚訝的反應，孩子也會認為自己做了很了不起的事。所以，當孩子聽到你驚訝地說「哇！」時，他會心想「我很厲害唷！」

各位不妨試著張大眼睛、做出「O」的嘴型並將手掌撐開，表情驚訝地說聲「哇！」光是這麼做孩子就會覺得很得意，或是感到有點害羞所以故作鎮定，儘管如此，他心裡一定非常開心、充滿幹勁。

03

除了成果，也要讚賞孩子的努力

「你很努力，做得好！」

父母常會希望孩子能有所成就。成績提高、名次上升、考試晉級、參加比賽獲得優勝等，父母有這些期待是很理所當然的事，對於看得到的成果產生期待並沒有什麼不好，**但孩子如果只在有成就時才被誇獎，一旦表現不佳、沒有亮眼成績時，他就會認為自己毫無價值。**這麼一來，別說是激發鬥志，孩子肯定很快就會放棄。

★有「努力」，就值得鼓勵

有時孩子已經很努力卻還是無法得到好成果，難免會感到挫折。不過，「持續就是力量」，相信只要持續去做還是會有豐碩的收獲。

持續努力才是更重要的事。因此，除了成果之外，對於孩子付出的努力也要好好地讚美。**讓孩子知道「努力」這件事本身也很有價值。**如此一來，就算日後他們遇到一、兩次失敗還是能振作起來，繼續努力下去。

大手拉小手專欄

教孩子「打招呼」，他才知道「如何與人相處」

不管在學校或出了社會，各位應該都被提醒過「要有精神地和人打招呼」。為什麼「打招呼」如此重要呢？

其實，**「打招呼」這件事具有認同彼此存在的「認可」意義**。看到對方後打招呼等於是在傳達「現在我認同你的存在喔！」對他人的存在表示認同，是人際關係的基礎，也是達成良好溝通不可或缺的要素。

此外，每天不同階段的招呼語，代表了不同的行動與禮儀，每做一次就能提醒自己一次，端正內心的認知，是非常重要的行為。

★「簡單問候」能拉近家人關係

請問各位在家中打招呼的問候語有哪些呢？「我起床囉」、「路上小心」、「我回來了」、「我要開動囉」、「我吃飽了」、「晚安」。其實，**雖然只是簡單的問候，但卻能讓孩子覺得自己被認同、被重視，產生安心感。**

媽媽充滿活力的問候，可以讓家中的氣氛頓時變得開朗。所以請養成習慣，別要求孩子主動打招呼，而是你自己要先有活力地問候他們。

更重要的一點是，要注意夫妻之間的彼此問候。**孩子其實一直在觀察父母，假如夫妻彼此都不打招呼，孩子當然無法理解打招呼的重要性**。希望各位在家中都能和家人以愉快的心情問候彼此！

04

讓孩子知道自己受到稱讚

「○○的媽媽誇獎你喔！」

假如聽到朋友的媽媽誇獎你，你會有什麼感覺呢？

如果是我，我會想她可能是因為我和她的孩子感情很好，覺得很開心，或是她認為我是個值得來往的好孩子。同時我也會想像，要是我的父母聽到這樣的話會有多高興，光是想到這些心情就變得非常愉快。

★偷偷告訴孩子，有人在注意他的表現

這就像是同時被朋友的媽媽和自己的媽媽誇獎一樣。如果又聽到自己的媽媽說「**媽媽覺得好高興喔**」，心中更是無比歡喜。

讓孩子知道別人稱讚他，他會意識到原來自己在不知情的狀況下被他人觀察，然後為此感到驚訝，並產生適度的壓力，激發自己要努力求表現的鬥志。

所以，若有人誇獎你的孩子，**請別謙虛的只說聲「謝謝」而已，務必要告訴孩子這件事。除了家人，獲得周遭的人認同也會帶給孩子自信。**

05

理所當然的事，也要給予孩子稱讚

「你每天都乖乖上學，這樣很棒唷！」

人都會有「好還要更好」的企圖心，所以經常不甘於平淡，想提高生活與工作的目標，或是懷有更高的期望，期許自己或他人能有所成長。當然，這種提升自我的心態或期許孩子成長的想法很重要，但請仔細想一想，**孩子出生到這世上、每天照常生活，光這樣就已經是個奇蹟了。**

★拋開必須「有所表現」的想法

早上起床、刷牙、吃早餐、到幼稚園或上學、與朋友玩樂互動、學習才藝等，快樂的事固然不少，但每天光是生活就已經讓我們花費許多心力。孩子到學校或幼稚園，難免會發生一兩件不愉快的事。有在意的事，也會有不想做卻刻意忍耐去做的事。所以，每天照常生活真的是件很了不起的事。

偶爾讓自己回歸原點，試著以客觀的角度去思考生命、活著的意義。這麼一來你就能了解到，那些每天你認為理所當然的事是多麼具有意義。

若將那些發現告訴孩子，孩子或許就能從「我要當個更乖的孩子」、「我必須成為更聰明的孩子」這些隱形的壓力中解脫，卸下肩頭的重擔，無拘無束地表現自己。

即使孩子沒做什麼特別的事，只是做些很理所當然的事，也請給予他們認同。用真誠的語氣告訴孩子「你每天都有〇〇，這樣就很了不起囉」。**讓孩子產生「我現在這樣很好」的想法，這種自我肯定感將成為成長的基石。**

認真過每一天就很棒了！

1
孩子也有很多不開
心與難過的事。
2
他們每天都很努力生活。
3
所以……
你好棒、你好棒！
就算是理所當然的事，
也值得誇獎。
4
這樣能讓孩子鬆一口氣！

06

留意「表現好」的事情，放大稱讚

「你會○○呀，真的好棒喔！」

每個孩子都有擅長與不擅長的事，就算與父母的期待不同，**但聚焦在孩子做得到的事情並給予認同，是讓孩子能有所成長的關鍵。**

★發現孩子的長才，並加以認同

「不會唸書」、「不擅長運動」、「不會整理房間」這些都是籠統的說法，請再仔細地觀察孩子。或許你會發現，其實孩子的國文很優秀、很有畫畫的天分、很會看地圖，他們一定會有某些比較突出的表現。

將〇〇放進孩子的專長興趣，那些表現就代表孩子的潛能，請千萬不要錯過，好好地給予讚美。**慢慢累積這些小小的「好棒喔！」，就能讓孩子逐漸產生自信與鬥志。**

父母不認同自己的孩子是很令人難過的事。身為父母要懂得改變自己的觀點，適時針對孩子「擅長的事情」表達認同。

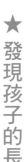

大手拉小手專欄

孩子會聽、會看、會學！「夫妻相處模式」也是一種教養

先前曾聽到一位兒童教養專家說了這樣的話：**「孩子會出現行為偏差，原因只有一個，那就是父母感情失和。」**因為她見過許多行為偏差的孩子，所以我認為她的話很有說服力。

在孩子心中，父母是創造自己的偉大存在。假如父母每天吵架爭執，孩子一定會感到非常不安。另外，父母離婚對已經懂事及已進入青春期的孩子，也會造成相當大的打擊。他們會覺得，自己是不是不應該出生到這個世上。甚至會開始自責，認為是自己破壞了父母的感情。

★夫妻的感情融洽，能讓孩子有安全感

父母互說對方的壞話也是大忌。因為孩子會全部聽進去。媽媽成天說爸爸的壞話，孩子就會瞧不起爸爸。在這種家庭中長大的孩子，對於結婚生子、共組家庭這方面的事就會產生負面想法。

兒子還在唸小學時，我也曾讓他經歷過父母鬧離婚的情況，雖然等到他上大學我才離婚，但這樣的我實在沒什麼立場給各位建議。不過，夫妻感情好可以穩定孩子的內心絕對是事實。

所以，偶爾請別管孩子，和老公愉快地聊聊天，保持良好的互動。即使夫妻私下感情不佳，但只要讓孩子知道父母都很愛他，這樣的家庭氛圍更能讓孩子感到開心。

07

認同孩子熱衷的事物，就算不喜歡也要試著接納

「你會那個啊，好厲害喔！」

曾經有一位參加研習的媽媽，一臉困惑地問我：「我兒子是恐龍迷，吃飯和上課時常常心不在焉，滿腦子只想著侏儸紀。我該怎麼辦才好？」

於是我回道：「那很棒啊！他那麼喜歡就代表其中一定有什麼特別吸引他的地方。妳應該大力支持他喜歡恐龍的嗜好。」

那位媽媽聽了我的話後就說：「您說的對，我知道了。我會陪他一起參加恐龍知識檢定！」（動物星球頻道舉辦的「動物檢定」測驗。）

★「認同」孩子熱衷的事物

有時候孩子感興趣的事，在父母眼中只是玩樂逍遣或無聊的瑣事。**但是，讓孩子全心投入的那件事中，可能存有激發孩子潛能的契機。**所以不妨試著用期待的心情想像，孩子聽到「你會那個啊，好棒喔！」的讚美後，能力可以獲得提升，開拓充滿無限可能的未來。

08

跟孩子一起想像「達成目標」的感覺

「如果考上，會發生多棒的事呀？」

人類展開行動的理由只有兩種。第一，為了獲得「快樂」的感受，如開心、歡喜。第二，為了避開「不快樂」的感受，如悲傷、痛苦。

不希望考試成績差而沮喪，或是不想被爸媽罵所以「用功讀書」，這就是為了「避開不快樂」的行動。因為考試成績好會感到很開心，或是想受到父母的稱讚所以「用功讀書」，這就是為了「獲得快樂」的行動。

★一起畫出成功的大餅

雖然前述兩者都是「用功讀書」的行動，但在兩種心境中，選擇哪一個會比較自在呢？想必是後者吧。為了「避開不快樂」持續去做某件事不但很痛苦，時間一久也會覺得疲累。

如果你希望孩子達成某個目標，請先讓他盡情地想像，完成目標會帶來多麼美好的感受。**當孩子腦中對「完成目標」產生明確的觀感後，內心也會變得亢奮**

起來，並且轉化為一股極為健全強大的動力，促使孩子展開行動。

假設那個目標是「考試合格」，這麼做可以避免孩子為了準備考試而過勞，也能因為懷抱著對將來的期待，度過愉快的學校生活。

「**如果考試過關，會發生多棒的事呢？**」詢問的同時，父母親也用期待的心情陪著孩子一起想像吧。

「期待感」是成功的動力！

不做不行！

比起帶著「不愉快」的心情去做

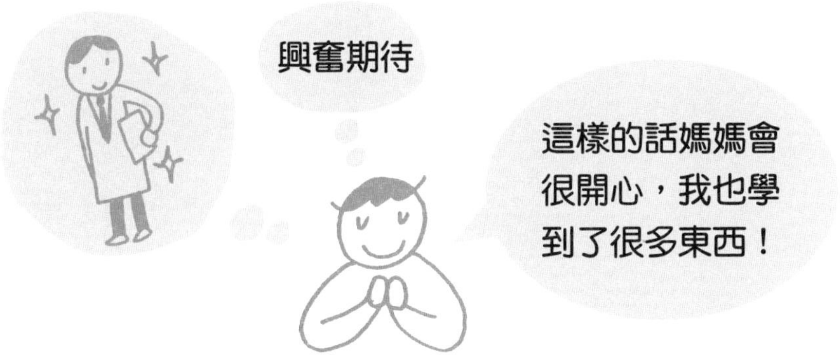
興奮期待
這樣的話媽媽會很開心，我也學到了很多東西！

想像「快樂情景」後再展開行動，事情會更加順利！

09

幫助孩子相信自己辦得到，別只會潑冷水

「你可以的！試試看吧！」

「想做做看這件事。可是，我做得到嗎……？」沒有自信卻想要嘗試的時候，聽到別人說：「你不行的啦，還是早早放棄吧！」請問你會有什麼感受呢？

「是喔，我果然做不到……」假如就此放棄了，當然不會有任何改變。那麼，如果是聽到「你可以的！試試看吧！」情況又會變得如何呢？

★鼓勵孩子跨出第一步

「咦，我可以嗎？真的嗎？好吧，那我就來試試看吧！」你是不是會這麼想呢？姑且不論最後到底會不會成功，但比起空想，有實際行動已經是很大的進步了。這句話不管是誰對你說，都能產生激勵的效果，不過若是由自己的父母來說，會出現怎樣的結果呢？

父母親口說「你不行的啦！」和「你可以的！」這兩句話對小孩的影響力，絕對勝過其他的話千萬倍。因此，請別隨便抹殺孩子的可能性，把他想挑戰、想做的事都當成是有價值的事，然後告訴孩子「**你可以的！**」

對於沒做過的事情，很少人會有絕對的自信。唯有親手去做、親身實行後才有可能獲得信心。但是，**當孩子相信做得到，卻沒能做到的時候，也不要責備他，要讓他從中尋找在過程中學到了什麼，然後加以修正運用**，這點非常重要。

培養孩子「勇於挑戰」的個性

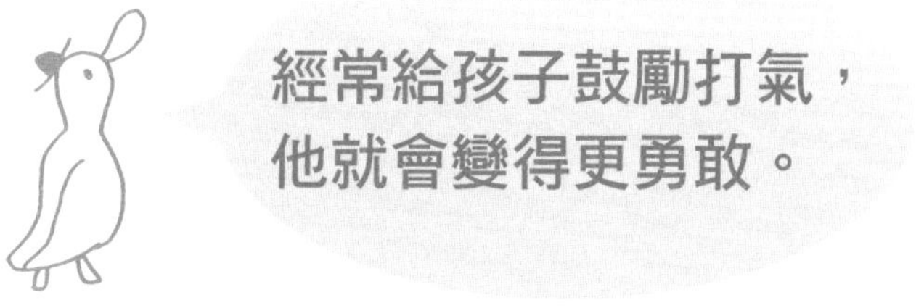

10

讓孩子思考學會事情的方法，多問「怎麼做」

「你覺得怎麼做才能成功呢？」

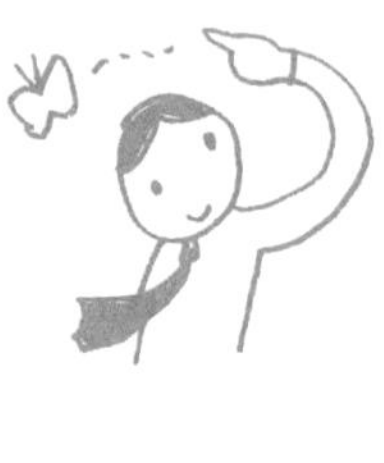

當孩子說「我想做做看這件事」的時候，你可以反問他：「你覺得怎麼做才會成功呢？」

我們很容易會去聯想某事「做不到的理由」。**因為人是討厭變化的動物，潛意識裡不願意接受改變。**所以刻意去思考「做得到的方法」就顯得很重要。

★用「啟發性提問」取代指責

能夠挑戰各種事物的人、在職場有所成就的人，**他們總是會專注地思考「該怎麼做才會成功」，然後展開實際的行動。**舉例來說，訓斥孩子不小心打翻果汁說「你為什麼打翻了！」孩子只會說：「因為……」像這樣開始找藉口。

但若是問他「你覺得怎麼做才不會打翻果汁呢？」孩子就會去思考不打翻果汁的喝法。因此下次遇到孩子發生失誤時，請問他「你覺得怎麼做才能不再犯第二次錯呢？」讓孩子思考積極的行動對策。

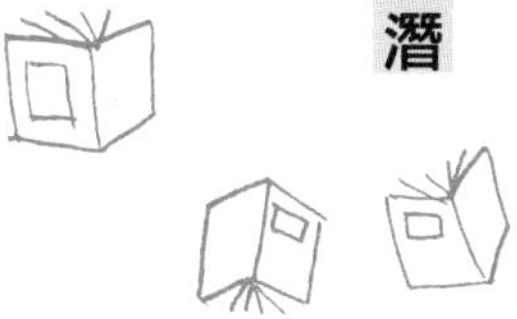

大手拉小手專欄

「做不到很正常」，媽媽們都該這樣想

父母親都很貪心，孩子功課好就希望他也擅長運動。孩子擅長運動就希望他成績也能很優秀，如果兩方面都不錯，又會期望孩子在音樂或藝術方面有所表現。

無論表現得好或不好，父母總是期待孩子**「再好一點、再好一點」**。看到其他孩子表現好就會想：**「我們家的孩子為什麼不行？一定是努力得不夠。那就要再更努力！再更加油！」**像這樣督促自己。

就算我沒教兒子唸書，他還是可以自己唸得很好，但他對運動卻很不拿手。**「你是男生，如果會運動的話，一定很帥氣！」**我積極地鼓勵

他參加運動性質的社團，所以我很了解父母那種希望孩子「好還要再更好」的心態。另外還有希望孩子能主動幫忙打掃、與朋友保持良好人際關係等，父母的期望真是永無止盡。

★丟掉「好還要更好」心態，養育小孩才會更輕鬆

但是，請稍微冷靜地想一想。**為什麼非得要求孩子樣樣好、樣樣行呢？有不擅長的事情真的是那麼糟嗎？**

想必各位的答案都是否定的吧。如果每個人什麼事都會，那這個世界上存在的就不是人類而是機器人了。那樣的景象感覺很怪對吧。

每一個生命都是獨立的個體，因此書唸得好不好、有沒有運動神經當然也是因人而異，這是很正常的事。**「應該做得到、應該會做才對、要做得再好一點」**，若以這樣的想法養育孩子，他們的壓力只會越積越

大而已，對他們沒有幫助。回想孩子還是小寶寶的時候，那時就算有不會做的事你也覺得沒什麼，保持這樣的心態，無論是再小的事，你也會覺得孩子表現得「很棒！」

別對孩子懷抱過多的期望，試著去想「做不到是很正常的事。如果會那就太好了！太棒了！太令人高興了！」這麼一來你會看到許多孩子的優點與成長之處，心情也會變輕鬆，發現養育孩子的快樂，並且提升了孩子的潛能。

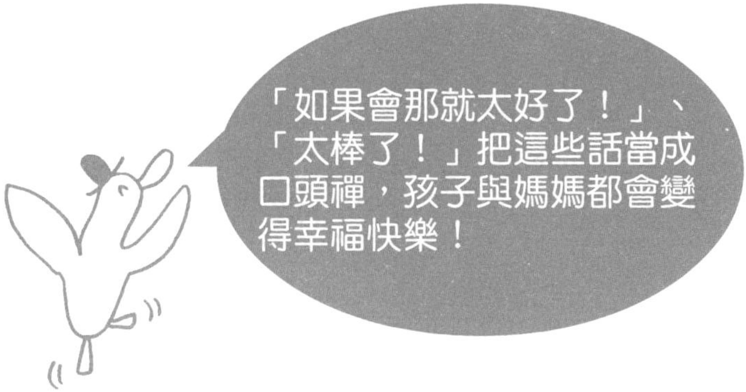
「如果會那就太好了！」、「太棒了！」把這些話當成口頭禪，孩子與媽媽都會變得幸福快樂！

Part 4

培育天才潛能的8句話

用「言語」開發孩子的天才潛能！

大部分父母都認為自己的孩子最優秀，既然如此，
理應提供適當的機會讓他們展現才能。
否則，天才也是會被埋沒的。
父母只要說些神奇話語就可以激勵孩子發揮潛能，
每個孩子都能被培育為天才。

01

讓孩子當「小老師」，學習才有吸收

「○○老師，這是什麼呀？可以教教我嗎？」

「老師」這兩個字給人一種「學有專精」的感覺，如果把孩子當成老師看待，會有什麼情形發生呢？

當孩子拿著他喜歡的書，或是感興趣的物品、遊戲時，我便問他「**老師，這是什麼啊？**」等孩子回答完後，我會接著說（記得語氣誇張點）「**真不愧是老師耶！你懂好多事情喔！那～這個又是什麼啊？**」繼續再問其他的問題。這麼一來，孩子就會很得意地說個不停。

假如孩子答不出問題時，你可以告訴他「**老師，我聽說這個叫○○喔**」，然後再問一次，待孩子回答後誇獎他「**真不愧是老師！**」如此孩子就會充滿信心，連原本不知道的事也會牢牢地記住。

「老師」這兩個字能瞬間提升孩子的自我定位。與孩子對話時將他們當成老師看待，可以增加他們的好奇心、大大地提高鬥志。

02

啟動孩子「我辦得到」的開關，誘發潛能

「你可能會進台大喔!?」

日本有一位潛能開發魔術師西田文郎，他的著作《可能的法則》中有這麼一段話：「人類的大腦存在兩種『可能』思考模式，一種是相信事情可以順利進行，自己做得到的『可能』；另一種是認為事情無法完成，覺得自己做不到的『可能』。這兩種不同傾向思考，何者較佔優勢對人生會產生極大的改變。無論是工作、戀愛、養育小孩，所有的一切皆取決於此。」

也就是說，**大腦經常讓正面的「可能思考」處於優勢，就能獲得幸福**。將腦中想到的所有事、想像事情順利發展的景象，透過正向的「可能」思考來連結和構築。這麼想，腦中就會浮現使人微笑的「可能」，是不是覺得很開心呢？

「**你可能會進台大喔!?**」這句話好處在於，它給人很輕鬆的感覺。如果對孩子說「**你絕對會進台大**」，聽起來有些沉重，感覺會有壓力。

★不帶壓迫感的「可能鼓勵法」

以輕鬆愉快的口吻說「**你可能會考上台大喔！**」，孩子聽了比較能接受，心裡會想「或許我可以」、「要是可以那也不錯」，真的很神奇對吧。

挑戰重要事物時，有時會因為背負著龐大壓力，緊張過度而失敗，因此不會令人感到負擔的「可能」思考，對孩子很有幫助。

尤其在孩子成績略有進步時，請告訴他「**你可能會進台大喔!?**」誘發孩子腦中正面的「可能性」擴大延伸。「可以順利進行的可能」、「做得到的可能」延伸得越多，鬥志就會提高，潛能也會提升。

讓「可能」成為口頭禪

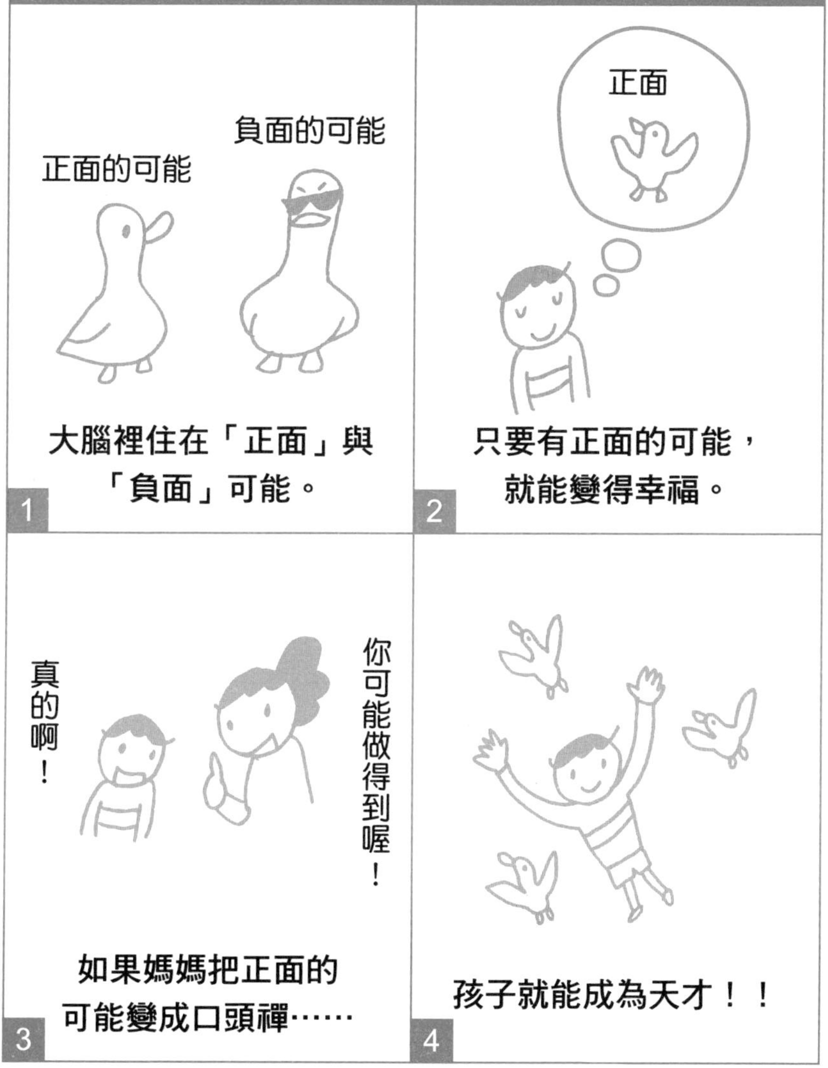
正面的可能
負面的可能
大腦裡住在「正面」與「負面」可能。
1
正面
只要有正面的可能，就能變得幸福。
2
你可能做得到喔！
真的啊！
如果媽媽把正面的可能變成口頭禪……
3
孩子就能成為天才！！
4

03

讓孩子覺得自己很厲害，事情很簡單

「你一定做得到！因為你是○○啊！」

試著把「○○」放入小孩或自己的名字，如果你現在聽到父母這麼說，會有什麼感覺呢？隨著年齡及內心的成長，感受也會有所不同。所以，已經成熟的你聽了或許沒什麼效果。但是，告訴學齡前的孩子說他是「很厲害的小孩」，雖然沒有任何來由，只是憑空編造，對孩子而言卻是一個非常「理所當然」的前提。

★讓孩子覺得自己很厲害

前提的用意是要讓孩子知道「你一出生就是個能幹、有價值的人」。**這樣的前提只有在孩子小的時候能發揮作用，幫助他們建立「自我定位」。**所以，在孩子小時候請多跟他說這句話。這句話會讓孩子產生莫名的自信，而這正是擁有成功人生的強大力量。

即便孩子長大了，具備高度的自我定位，這句話仍然有效。會讓孩子重新感受到「**是喔！原來我很厲害啊！**」可見這是一句多麼強而有力的話。

大手拉小手專欄

為孩子做頓飯，陪他一起吃

根據調查統計，亞洲兒童的飲食習慣出現所謂「六食」的問題：

「個食」——即使與家人一起用餐，但每個人有不同的飯菜，各吃各的。
「固食」——總是吃相同或特定種類的食物。
「粉食」——經常吃麵包或麵類等麵粉類食物。
「濃食」——總是吃重口味的食物。
「小食」——食量很少。
「孤食」——獨自一人進食。

★不要只關心孩子考幾分，吃得健康才是根本

「吃」這件事是人類求生的必要行為。亞洲人的糧食自給率在先進國家中相當低，但廚餘的處理量卻又很高，這樣的現象真是矛盾至極。**我認為還是要維持傳統，如吃魚、米飯、蔬菜以及用味噌、醬油調味的食物，才是真正健康的取向。**

父母在重視孩子的學業成績前，應該先培養孩子擁有健全的身心，進而培育出他們的生存能力。所以要養成他們攝取傳統飲食的習慣，並和孩子一起快樂地用餐。身為父母的你我要回歸原點，絕不能忘記人活著最重要的事。

04

讓孩子相信自己是聰明的

「哇啊！你果然是天才呢！」

說這句話時有個訣竅，那就是態度要「誠懇」。而且，加入「果然」這兩個字，孩子就會覺得你「一直」都是這麼認為。如果只說「你是天才」會有種今天、當下才這麼想的感覺，比起「你果然是天才」效果稍微薄弱了些。

★「果然」＋「正面詞語」的魔力

聽到自己的父母說這句話，孩子會再次體認到「喔喔，是嗎。原來我是天才啊！」**並且因為「果然」這兩個字感受到「並非現在才如此，而是一直都是這樣」，強化了內心的正面思考。**

此外，孩子也會了解到父母相信自己，而且因為自己感到喜悅，如此一來，他們也會變得很開心。除了「天才」二字，只要在「果然」後加上正面意義的詞語，就能提升孩子的自我定位，例如「你果然很能幹」、「你果然很厲害」、「你果然很棒」等等。

05 告訴孩子他比你更厲害

「你還會這個啊，媽媽都不會耶！」

★告訴孩子，他已經「超越父母」了

對孩子而言，父母是無所不能、值得信賴的靠山。**假如他們發現自己可以做到連爸爸媽媽都做不到的事，這會讓他們產生無比的自信。**即便那件事與唸書或運動無關，單純只是玩樂的遊戲也是如此。

說這句話前，父母必須先告訴自己：「孩子超越了我」。如果心裡想著孩子不如自己，那就無法發自內心說出這句話，自然也找不出孩子能幹的地方。

孩子體內的基因原本就非常複雜且多元，這麼想的話，孩子確實是超越了父母。因此，在誇獎孩子前，父母必須要先有「孩子超越了我」的想法。

但是，不能因為這句話讓孩子產生輕視父母的心理。**所以父母對於拿手的事要充滿自信，確實盡到本分，讓孩子明確地看到自己的生活態度。**教養孩子並不是一味的讚美，也要努力讓自己成為受孩子尊敬的父母。

06

「理所當然」的口氣，能讓孩子看到未來

「○○以後會進台大喔！」

日本知名的馬拉松選手高橋尚子，原本並非長跑選手，成績也不是特別優秀。不過，熱愛跑步的她相當崇拜小出義雄教練，於是請求他收自己為徒。

小出教練看到高橋小姐的第一眼立刻就說「**不錯喔！妳很棒**」，答應了她的請求，並將她訓練成馬拉松選手。從那天起，小出教練每天都會對高橋小姐說**「妳會成為世界第一喔！」**

起初高橋小姐心想「怎麼可能」，但每天聽到自己尊敬的教練這麼說，她也開始有了「難道是真的嗎」的想法，這個想法後來漸漸轉變成堅定的信念，最後她果真在奧運奪得金牌。據說小出教練第一次見到高橋小姐之所以會說「**不錯喔！**」是因為他覺得高橋小姐的「笑容很棒」。

看完這則故事，各位有何感想呢？

★善用「孺慕之情」激發孩子的潛能

前面那則故事證明了，**聽到自己尊敬的人說「你可以」這種肯定的話，不但會對自我定位產生極大的作用，也能大幅提升自身的能力或潛能**——那是因為內心對自己的潛能深信不疑。

孩子如果聽到自己尊敬的父母說「你以後會進台大喔！」，潛意識就會想像自己考上好學校的情景。不過，請各位記住，**一定要用輕鬆的口吻來說這句話，這樣才會讓孩子認為那是理所當然的事。**

請趁孩子還小的時候說，或是等孩子長大一點後，開始感受到自己的潛能時，再說這句話也很有效。然而當結果不如預期時，也要保持從容的心態接受，這點非常重要。

經常對孩子說「你可以」

父母是孩子尊敬的人。

↓

當孩子聽到父母用輕鬆的口吻說「你可以」！

↓

他們就會相信自己的潛能。

07

經常對孩子的知識表現驚喜

「哇啊，你懂好多喔！你是怎麼知道的？」

我兒子常會讓我驚覺「他是什麼時候知道了那樣的事？」雖然他知道的很多事都是從電視上學的，但每次聽到我總會用驚訝的語氣對他說「**哇啊！你知道好多喔，真厲害！你是怎麼知道的？**」這樣的一句話，就能激發孩子想發掘更多知識、想記住各種事情的意願。

★讚許孩子看世界的角度

孩子與父母就算一起看電視，接收的情報、掌握的資訊、記住的事情卻不同。因此，**有些事確實只有孩子才會注意到。父母認同孩子知道的每件事，不但會提高孩子的求知欲，也能產生自信。**

人長大之後身邊發生的任何事情，看起來都變得理所當然。所以，希望各位都能尊重孩子的觀點與感性，重視他們的純真想法及好奇心是父母的職責所在。

08

讓孩子感受到你內心的喜悅，他會更想「變強」

「我的小孩是天才耶，媽媽覺得好幸福喔！」

孩子從什麼時候開始，聽到「天才」這兩個字會知道那是讚美的話呢？其實不必刻意讓孩子知道天才的意思，他們聽到「你是天才喔」也會覺得很開心。因為父母平時只要發現孩子的優點就說出「天才」二字，孩子自然就會了解那是讚美的話。而且他們也會知道那是代表「最棒」的意思。

★透過自己間接稱讚孩子，效果加倍

不光是讀書方面，當孩子對某件事產生興趣，然後以驚人的速度學會；或是對某件事非常了解時，請立刻對他們說「天才」二字，讓他們知道身為父母的你是多麼開心。

前文培育天才的神奇話語，都是主詞為「你」的「YOU訊息」，但本文介紹的這句則是「I訊息」。

之前我也一再提過，**對孩子來說，得到父母認同、讓父母快樂是最令他們開心的事，而且這樣的自己會帶給他們莫大的自信。**

「我的小孩是天才耶，媽媽覺得自己好幸福喔！」這句話除了讓孩子產生「我是天才」的自我定位，他們也會想到「我的存在令媽媽感到幸福」，從而使孩子獲得無比的自我肯定感，進而萌生想要更加提升自己的想法。

父母的驕傲是最好的陪伴

告訴孩子，媽媽以他為榮。

- 「讓媽媽幸福」的實際感受
- 「更加提升自我」的心情

幸福感不斷地湧出！！

大手拉小手專欄

陪伴孩子，不需要花大錢

孩子一旦出門，就算離家再近，也無法像在家一樣令人徹底的安心。進入陌生的空間時，除了物理上的刺激，也會接觸到家人之外的其他人。置身在那樣的環境中，我們絕對會感受到與家人之間強烈的羈絆，光是這樣就能加深彼此的感情。

因此，不管是公園或其他地方，**只要帶孩子出去玩，孩子就會明確感受到父母的存在，也比較容易獲得被保護的感覺。**

此外，對孩子來說，父母特地花時間與心力讓自己擁有新鮮、快樂的經驗，會讓他們感受到比以往更多、更豐富的愛。

★就算只到公園走走，也能加深彼此情感

直到現在我仍記得唸小學時，每年暑假我們一家四口都會開車兜風，到河邊玩水或到戶外踏青，這些回憶讓我深切地感受到父母對子女的愛。

雖然有時候因為太忙抽不出時間，或是假日想要好好地休息一下，但還是請各位父母盡可能撥出時間帶孩子出去玩。**其實不需要花太多錢，只是接觸大自然便已足夠。等孩子唸國中或高中，他們就會漸漸不想和父母出門了。**對孩子而言，小時候與父母一起出去玩的體驗會成為被愛過的證據，永遠地留在心裡。

Part 5

讓孩子走出低潮的8句話

孩子的情緒是寶藏，別忽略了！

人生起伏潮起潮落，心情有各種變化是正常的。
但孩子不懂這些，他們可能會鑽牛角尖把自己困在低潮裡；
可能會一蹶不振，覺得未來滿布烏雲。
這時候，父母要成為燈塔、救命索，為孩子醍醐灌頂指引方向，
使他們有再度邁步向前的勇氣。

01

讓孩子知道，為了讓事情發展順利，挫折是必經的過程

「沒關係的，這不是什麼壞事唷！」

遭遇失敗或事情不如預期而感到沮喪低落時，接下來「不管做什麼好像都不會成功」的不安感，就會在心裡慢慢地擴散開來。

因此，孩子成績不理想時對他說：「**看吧，早就跟你說這題會考了！**」或是追問孩子「**為什麼要做那種事？**」只會讓孩子更沒自信。

★不要被暫時的失敗擊倒

俗話說「天下無難事，只怕有心人」。只要堅定這個信念，無論遇到再大的困難都會轉變為「沒錯，我一定可以成功」的念頭。讓孩子知道現在的失敗都是日後成功的必經過程，孩子就能以堅強的心志面對一切。

下次當孩子失敗時，請告訴他：「這是為了讓以後變得更好喔！」或「沒關係，這不是什麼壞事喔！」**正面積極的話語對孩子來說，就像是打了一記強心針。**

02

幫助孩子將做不到的事變成可能

「還可以做到這麼棒的事喔！」

分享一則製鞋公司員工的故事。該公司派人到某個開發中國家視察，發現那裡的人都打赤腳不穿鞋。有位員工說：**「這樣不行。我們的鞋子在那個國家賣不出去。」**但另一位員工卻說：**「這是很好的機會！既然那個國家都沒有人穿鞋，如果我們賣鞋一定會熱賣！」**面對相同的事實，兩人的看法卻截然不同，你認為誰的想法可以達到好結果呢？

★問孩子「還可以做什麼？」

與其關注不足之處，著重在已經做得到的部分是重要的基本觀念，但有時仍可試著換個角度思考：**不足之處很多，表示可以進步的地方也很多。**

考試考100分固然很棒，但這已是極限。如果只考50分，那就代表還有50分的進步空間。**「現在做不到，表示你以後還是可能做得到啊！」**被父母這麼說的孩子，肯定會有所成長。

03

讓孩子了解現在失敗，是幸運的事

「還好是現在。」

兒子在高三放暑假前，因為罹患氣胸（肺部的胸膜出現裂痕）住院。當時剛好快期末考了，但因為這場病讓他無法參加考試。一般父母遇到這種情況多半會想「怎麼偏偏在這時候發生這樣的事……」為此感到不安，**但我心裡卻是想「還好，不是考大學的時候生病，還好是現在」。**

★事情再怎麼不順利，都只是過程

後來，我在心裡祈禱希望兒子考大學前千萬別再復發，沒想到……考試前一週竟然又復發了！但因為有過之前的經驗，我知道發生突發狀況時有一個方法可以不必住院，那就是在胸部裝上小型儀器。於是兒子就這樣順利地參加大學考試，過程中也沒被任何人發現他有何異狀。

那時我也告訴自己，「沒關係，這樣是在消災解厄，考試一定會很順利。」果不其然，兒子考了很棒的成績，病也康復了。

直到今天，這件事在我心中依舊深刻難忘。當時如果我哀嘆地說：「怎麼偏偏在這時候發生這樣的事？運氣怎麼會那麼差？」兒子肯定會更加沮喪。

我認為再怎麼不好的事，之後回想都會發現，在那個時候發生是最適當的時機，因為當時發生了那樣的事，才有現在的結果。**遇到任何事如果都能這樣想，往後的人生就不會輕易感到氣餒，可以用積極的態度去面對。**

既來之，則安之

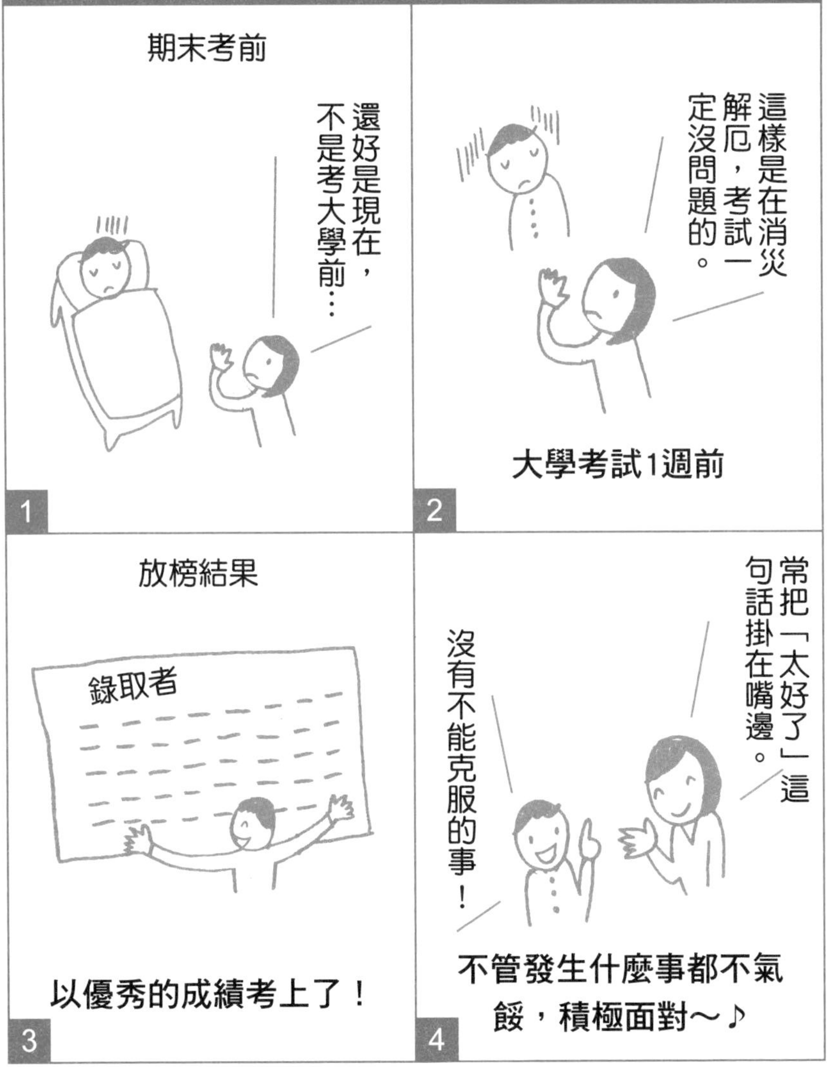
期末考前
還好是現在，不是考大學前…
1
這樣是在消災解厄，考試一定沒問題的。
大學考試1週前
2
放榜結果
錄取者
以優秀的成績考上了！
3
常把「太好了」這句話掛在嘴邊。
沒有不能克服的事！
不管發生什麼事都不氣餒，積極面對～♪
4

大手拉小手專欄

教出坦率、不自卑的好孩子

在第二章提到過「可以當○○的媽媽真是太好了！」、「只要和○○在一起，就有好多快樂的事喔！」、「我好喜歡你喔」這幾句話，主詞都是「我」。這些話能讓孩子知道，**他們的存在對媽媽產生了什麼影響與感受。這種主詞是「我（媽媽）」的說法稱為「I訊息」。**

★以「I訊息」稱讚孩子

孩子們總是希望看到媽媽高興的表情。因此，只要媽媽高興，孩子就會開心，如果媽媽難過，孩子也會跟著傷心。當孩子知道自己能讓媽媽產

生正面的感受，他們就會覺得自己受到認同。假如那是行動的結果，他們就會想再做一次相同的事。

誇獎孩子的行為優秀時，與其說「你真是乖孩子」，不如用誇張的語氣告訴孩子「你〇〇〇（孩子做的事），媽媽好開心喔！」這麼一來，不但孩子聽了高興，說這句話的媽媽也會很開心，可說是一石二鳥。

將孩子對父母造成的改變，透過言語傳達出來，是一種坦率的表現。

媽媽坦率，孩子也會跟著改變，成為情感豐富的孩子。

04

幫助孩子思考，培養他獨當一面，別幫忙想答案！

「你覺得自己學到了什麼呢？」

遇到負面的情況時，請先對孩子說「還好是這件事」。接下來問問孩子「你覺得自己學到了什麼呢？」

世界上沒有不能克服的事，**任何事的發生，都有它的意義存在，父母要試著讓孩子去思考那些事有什麼意義**。這麼一來，孩子就能以客觀的角度檢視自己，不但可提高解決問題的能力，也能冷靜應對，並產生繼續向前邁進的勇氣。

★從經驗中學習，提升「逆境思考力」

所有事情都潛藏著一股看不見的力量，它會讓我們有所啟發，用這樣的想法去思考，是不是就覺得沒什麼好畏懼的呢？

孩子遇到與朋友鬧彆扭、成績退步等情況時，請先讓他自己想一想可以從中學到什麼。**以「這個經驗會讓你有所收獲」的前提向孩子提出疑問，他們就會努力地動腦思考找出答案。**

05

讓孩子知道經驗是人生很重要的事

「你得到了很好的經驗喔！」

考試考零分的心情、被同儕欺負的心情，只有親身經歷過的人才能夠體會。這麼說或許有點偏激，但是，**親身經歷並有所體會，這是一件非常有價值的事。**事實上，有過痛苦的經驗，從此人生出現轉變的人很多；曾經受過霸凌或是內心受創，後來展開新人生的人也很多。

★有失必有得，珍惜不一樣的經驗

如果我以前沒有歷經那段為了離婚而感到「活著沒意思」的時期，就不會有現在的我。兒子小學時因為曾度過一段被同學排擠的日子，所以很有「自我意識」，也就是**很清楚自己的表現與行為會造成什麼後果**，假如他和班上的朋友都處得很好，我想他現在也許就不會考上東京大學了。

不管孩子發生什麼事，父母都不該抱怨或責備他人，而要體會孩子難過的心情，並用積極的語氣告訴他「你得到了很好的經驗喔！」

06

父母要「看淡失敗」，先信任後鼓勵

「難免會發生這樣的事，很正常呀。」

當孩子滿懷自信認為一定會成功，但結果卻是失敗時，受到的打擊絕對大過沒自信而失敗的時候。在那種情況下這句話可以緩和低落的情緒。

另外像是「**別在意！**」也有同樣的效果。兒子因為粗心考試成績不理想，以為會及格卻沒通過考試的時候，我總會對他說這句話。

★最重要的是「媽媽相信你！」

這句話其實隱藏著「沒關係啦，人難免都會小出槌一下」的意思。也等於是告訴孩子，你只是沒發揮出真正的實力。如同「人有失足，馬有失蹄」，這句話代表了你深信孩子的能力。因此，對孩子說「**難免會發生這樣的事。**」**就像是在表達「這不是你真正的實力喔。沒關係，媽媽相信你」。**

就算遇到失敗，只要父母輕鬆看待，拍拍孩子的肩膀說「**沒關係的**」，孩子低落的情緒就能獲得很大的慰藉，內心充滿感謝。

07

讓孩子以寬敞的視野來思考「現況」

「等你長大了，就會覺得這沒什麼大不了！」

「時間會沖淡一切」這是大人常會說的話。即便當下非常辛苦、覺得眼前一片黑暗，幾年後或一個月後，反而會想「唉，當時那麼痛苦，現在回想起來實在算不了什麼」。

★別讓孩子「繃太緊」

長大後我們學會了比較過去與未來，懂得改變觀點檢視現在的自己，但對於人生歷練尚淺的孩子來說，他們無法有那樣的感覺。**因此，父母應該試著讓孩子用「未來觀點」思考事情，幫助他們緩和低落的情緒。**

或許孩子聽了不會立刻說「也對」並且接受。但只要每次都這麼說，漸漸地他就會那麼想。

這就像自己對自己說「沒關係、不用怕」便能產生勇氣。為了不讓眼前的負面情況困住孩子，父母應該多記住幾句能讓孩子心情放鬆的話語。

08

學會從沮喪走出的孩子，人生已成功一半

「這是老天爺給你的機會喔！」

這是一句充滿正面意義的話。雖然有不少類似的說法，但沒有一句能像這句話一樣，聽了立刻讓人產生鬥志。或許是因為「機會」這兩個字聽起來感覺很棒吧。說的時候記得語氣輕快一點，彷彿在跳躍般，整個人好像能騰空放鬆一樣。「機會」二字後很適合加上「！」的符號。當我們聽到這兩個字後，大腦會無意識地浮現這種明確的感覺。

★養成孩子正面思考的習慣

「危機就是轉機！」這是成功哲學裡一定會出現的話。那些造就豐功偉業的人，經常將這句話掛在嘴邊，克服了無數的困難。**讓孩子從小養成「危機就是轉機！」的思考習慣，他的人生就已經成功了一大半。**

當孩子為了某事而沮喪時，請試著用開朗的語氣告訴他「這是老天爺給你的機會喔！」說完之後身為父母的你心情也會跟著輕鬆起來。

大手拉小手專欄

眼神交流，讓言語更有穿透力

俗話說「眼神不會說謊」，透過雙眼傳達的訊息，比言語的力量還大。**就算話說得再動聽，若眼神沒有交會，就無法傳達至對方的內心。**

而且，對方說不定還會起疑，心想「這個人真的那麼想嗎？」、「他是不是有什麼事瞞著我？」即便說的人只是不好意思直視對方，聽的人卻不會那麼認為。所以，**當你有重要的事要告訴孩子，請務必看著他的眼睛說。**

除了自己說話的時候，傾聽別人說話時也是如此。有時因為手邊正忙，只好「邊做邊聽」，可是這麼一來不光是視線，就連臉和身體也不會面向對方，變成隨便聽聽而已。

★「注視」代表「重視」，同時也傳達愛

跟對方說話時，有時對方不看你的臉，也不看你的眼睛，敷衍了事的態度會讓說話者感覺不被重視，覺得自己說的話對方根本沒聽進去。另外，**如果聽孩子說話時看著他的雙眼，只要一說謊，就會馬上被你發現。**

眼睛是心靈之窗。有時什麼話都不必說，只要靠眼神就能傳達意思。與孩子對話時不是嘴巴說說就好，記得發揮眼神的力量。

Part 6

讓孩子虛心反省的11句話

「情緒暴力」是孩子成長的絆腳石！

有人說：「每個人心中都住著一個孩子。」

只是我們隨著年歲增長，為了自我防禦，漸漸把赤子之心掩埋。

所以當我們養育孩子的時候，往往不懂他們是怎麼想的，

對小孩越來越不耐煩，變得易怒、情緒化，

忘記呵護他們稚嫩脆弱的心靈，從而造成難以抹滅的傷害。

父母在教育小孩時，應該回歸最原始的自我，學習和孩子理性溝通。

01

真的做了不能做的事，才開口訓誡

「不可以〇〇喔！」

養育孩子最頭痛的問題，應該就是小孩不聽話，導致媽媽們總是忍不住發脾氣這件事吧？我在研習班上曾問過媽媽們一個問題：「你們都是在什麼時候發脾氣呢？」並請她們將答案寫在紙上。接著再問「寫完之後，有什麼發現呢？」大部分的媽媽都說「**其實都是些沒什麼好氣的小事，但還是忍不住會發脾氣**」。

這說明了媽媽們的反應並不是在「責備」小孩，而是在「發脾氣」。

最常見的情景就是——小孩準備去幼稚園或上學前，總是會東摸西摸、漫不經心，拖拖拉拉地吃飯、換衣服，此時媽媽就會不耐煩地責罵小孩：「**動作給我快一點！**」

仔細想想媽媽發脾氣的原因，不過就是小孩的行動沒有達到媽媽的標準，也就是「現在這個時間必須做好這件事」的規定。如果媽媽在旁邊默默觀察就會發

現，孩子其實都能在出門前準備好。也就是說，**媽媽只是因為心裡的規劃被孩子打亂而生氣。**

★父母要理性面對，別急著抓狂

最讓我感到後悔的一件事，就是兒子小時候因為沒寫才藝班的作業而大罵了他一頓。其實沒寫作業也不是什麼嚴重的事。雖然「決定好就要做到」是很重要的教養觀念，但那畢竟是「沒做也沒關係」的事，所以孩子有做功課就好好誇獎他，沒做的話也沒必要罵他。

而且，**情緒化的對孩子發怒，是最要不得的反應。當孩子不想做的時候，用命令的口吻說「你為什麼不做！快點做呀！」只會讓孩子的內心更加排斥。**

★孩子的人生還有比「學才藝」更重要的事

現在回想起來，當時我之所以生氣，都是自己不夠成熟，不知道如何正確引導孩子，心裡很著急，因此沒有多餘的心力去思考其他的事。事後我反省自己的行為，應該要好好傾聽兒子的心情，與孩子一起訂立計畫，取得他的認同才對。

現在我已經知道如何讓孩子開心地寫作業，懂得用寬容輕鬆的心態教養小孩。但當時我卻因為控制不了對兒子亂發脾氣的情緒，最後只好讓兒子退掉才藝班的課。

退掉才藝班的課之後，我發脾氣的次數也相對變少了。學習才藝並不是非做不可的事，孩子成長過程中還有更重要的事要做。**如果孩子不做某件事，會引起你不必要的心煩氣躁，那就不要強迫孩子做那件事，根絕會讓你生氣的來源也是一個好方法。**

★教養不需要「發脾氣」

真正應該責罵孩子的事，就是他們做了傷害身體的事、造成他人困擾的事、說謊騙人以及違反社會規範的時候。

當你覺得莫名焦躁、經常對孩子發脾氣時，請靜下心想一想，孩子是什麼時候讓你感到生氣，並且寫下來。接著再思考哪些是應該「責罵」孩子的事？或者只是因為孩子沒達到自己的標準，所以才「發脾氣」呢？

假如你發現這些明明是不該責罵，但自己總是發脾氣的狀況時，請試著進行模擬訓練，想像自己在那種情況下，最適當的反應是什麼，同時也請練習笑容。重覆幾次後，當你實際遇到這種情形，自然就能做出適當的反應。

「責備」與「發脾氣」不一樣！

媽媽開口罵小朋友前請先想想，
「那件事」真的是不能做的事嗎？
或者只是自己一時感情用事呢？

媽媽也是普通人，偶爾
也要讓自己放鬆一下！

02

先聽孩子的理由，靜下心、慢慢聽

「你為什麼想那麼做呢？」

孩子在學校和朋友打架、叫他寫作業都不寫……，當孩子不停出現令人頭痛的偏差行為時，請不要劈頭就罵「不可以這樣！快給我停下來！」**試著靜下心聽聽孩子的理由，了解他為何那麼做。**

即使那些事對我們來說，是理所當然不能做的事，但孩子或許並不了解。「遇到紅燈就要停下腳步」、「不可以隨便拿走便利商店裡的東西」。這些事如果一開始沒有先告訴孩子，他們就不會知道。**當孩子做了自己不知道的事而被責罵時，他們會感到很驚慌。**

因此，當下必須確切地向孩子說明「為什麼不可以做那件事」。

此外，有些事孩子知道那是不好的行為，卻仍然選擇去做，表示這當中必定有他的理由，**父母有沒有了解的意願，會影響孩子對你的信賴**，以及往後的親子關係。因此聽聽孩子的理由，孩子在陳述理由的過程中也會懂得自我反省。

★別讓孩子養成壓抑的習慣

另一個傾聽孩子理由的重要原因是，孩子的行為其實隱藏著內心的想法。特別是年紀小的孩子，他們無法明確地表達自己的想法。等到長大一點，或許會為了父母努力壓抑自己，但時間一久就會失去自我控制，漸漸開始做出令大人感到困擾的行為。

假如你的孩子做了讓你覺得「為什麼要做這種事？」的行為，先別急著動怒，坐下來和孩子好好聊聊。同時回想看看，是不是你的反應或環境出了什麼問題，才是解決之道。

孩子的行為會說話！

孩子無法確切地表達自己的想法。

和孩子面對面好好聊一聊，聽聽他怎麼說很重要。

得到父母的理解，
孩子會感到很安心。

大手拉小手專欄

孩子叛逆是「成長」的證明，父母要淡然接受

小學唸到高年級時，有些早熟的孩子會想要反抗父母，言語或態度上出現明顯的變化。過去總是黏在身邊喊著「爸爸、媽媽」的孩子出現那麼大的轉變，父母們一定會覺得很混亂、很落寞，心想「這是怎麼一回事？我的孩子怎麼了？」甚至因為孩子反抗的態度感到生氣。

不過，**孩子在這時期對父母的叛逆行為，其實是孩子成長的證明。這表示他們心裡開始想要脫離父母的保護，想要獨立**。

★包容孩子，相信親子之愛一如往常

因此，就算孩子表現出反抗的態度，也請不要有任何反應，寬容地接受就好。男孩子的發育本來就比較晚，我兒子是唸國中時才開始有反抗的行為，當時就算他對我說「幹嘛管這麼多！」我也不會立刻生氣回嘴，只是淡淡地說「這樣啊，真抱歉」。

如果說了什麼讓孩子不開心，那就保持安靜別再多說什麼。因為這樣的教養方式，使我的兒子沒有走上偏路。**所以即使孩子開始反抗你，他對你的愛，就像你對他的愛一樣從來不會改變。**請各位父母要相信這一點。

03

從「旁觀者角度」思考，放下情緒再教養

「你○○（做了某件事）對吧！」

在第161頁曾提到，父母容易將自己煩躁的情緒發洩在孩子身上。兒子還小時，我也常為了一點小事就心煩氣躁，如果兒子沒有達到我的期望，我就會生氣，事後又討厭起那樣的自己，晚上就會看著兒子熟睡的臉龐，邊哭邊說：「媽媽真的很對不起你」。

當你發現自己開始想發脾氣時，請試著用「客觀的角度」思考究竟發生了什麼事。然後仔細想想，當下你產生的情緒是針對什麼事而起。這麼一來，你就不會一直處於情緒化的狀態。舉例來說，當孩子打翻果汁時，你生氣地對他說：

「啊！真是的！不是跟你說過不可以打翻嗎！」

孩子打翻果汁是事實，至於情緒方面，一開始是覺得「好麻煩」（因為要擦打翻的果汁）↓「真討厭」（因為地毯會留下漬印）↓「很難過」（因為地毯弄髒了）——演變到最後就會變成「很生氣」。

如果孩子是故意打翻果汁那就另當別論，**但產生負面情緒的原因全是你自己看待這件事的心態所致，因此根本沒必要生氣。**

有些媽媽就算孩子打翻果汁也完全不會生氣。那是因為她早有心理準備，認為「小朋友本來就很容易打翻果汁」，所以不會為了這種事動怒。

★暫時與孩子分開一段時間，紓解壓力

由前述狀況可知，**「生氣」並非是隨事實產生的情緒，而是在當事者自己聯想下出現的反應。**

因此，當你覺得感情用事的自己很討厭時，先想想看有沒有什麼方法可以放鬆、消除壓力。如果每天帶小孩讓你喘不過氣，覺得完全沒有自己的個人時間，偶爾請別人幫忙照顧，讓自己放一天假出去玩玩也無妨。

與其在有壓力的狀態下和孩子長時間相處，稍微和孩子分離一小段時間，不僅能紓解壓力，對孩子來說也是很有幫助的事。

04

「你真是壞小孩！」只是在貶損孩子人格

「打翻果汁會浪費食物，下次要注意喔！」

「**你又打翻了！真糟糕！**」這樣就像指著孩子說「你是個糟糕的小孩」，是「否定人格」的說法。另外如「**你怎麼可以說謊呢？真是壞孩子！**」、「**笨蛋**」也都會讓孩子產生「壞孩子、笨蛋」的自我定位，內心受傷。

人會依循自我定位而行動，所以當孩子一直聽到這些否定他們人格的話，就會失去挑戰的動力，無法積極地生活。

★責罵小孩，記得把重點放在「行為」

父母對孩子說出否定人格的話語，會對他們的內心與人生造成超乎想像的負面影響。訓誡孩子時請不要詆毀他們的人格，而是具體針對他們的行為訓誡。

「**打翻果汁會弄髒桌子而且很浪費，下次不要打翻囉**」、「**說謊是很不好的事**」像這樣將焦點放在「行為」上，才能讓孩子真正發現錯誤，並且正確改善。

05

責罵要簡短，孩子才不會「有聽沒有懂」

「罵髒話是不對的唷！」

沒有人被責罵時會覺得開心，所以被罵的不悅感要越快消除越好。請各位想想，不愉快的時間如果一直延長會出現什麼情況呢？受到責罵的人想必也會變得心浮氣躁，不管誰的安慰都聽不進去。無論對象是大人或小孩都是如此，所以出言訓誡小孩時，請以簡短的話語傳達。

★喋喋不休，會模糊責備的焦點

教訓的時間拖得越長，孩子的耐心就會跟著消失。對於注意力差、解決問題能力低的孩子而言，長時間的責罵只會造成反效果，**最後孩子根本不懂自己為什麼被罵**。這樣他非但不會反省，還會在被訓誡的過程中分心。看到孩子那副心不在焉的模樣，父母就會更加生氣，形成惡性循環。

因此，訓誡孩子時不要嘮嘮叨叨地唸個不停，縮短責罵時間，父母的心情也比較容易調適過來。

大手拉小手專欄

父母「以身作則」，教養才有說服力

「哎呀，快打招呼啊！大聲一點，好好地說！」有些媽媽會這樣訓示孩子。提醒孩子固然是件好事，但我認為沒必要用那種口氣。

如果父母本身見到人就會主動笑著打招呼「早安！」，孩子就會學起來。讓孩子感受到與別人互動是件愉快的事，他們自然會養成打招呼的習慣。假如你對孩子說「要和朋友好好相處」，私底下卻偷偷說其他媽媽或老師的壞話，這不是很矛盾的行為嗎？

在公共場所的禮節或社會規範，孩子都是以父母為榜樣。比起生氣地訓誡，在日常生活中為孩子示範正確的態度及禮節會更有效。

★父母的「身教」重於「言教」

早睡早起、整理房間、吃飯時不看電視、不挑食、用功唸書等，如果父母本身都做不到這些事，卻告訴孩子「你給我這樣做！」根本毫無說服力。**若孩子出現不聽話、粗心懶散、做事不盡本分等行為時，請父母先回想自己的行為態度是否出現問題。**

06

「你剛剛吐舌頭了對吧，這樣很沒禮貌喔！」

錯要「馬上説」，孩子才知道錯在哪裡

訓誡青春期或成年孩子時，建議等到事情發生過後再說比較適當。因為這個年紀的孩子通常已經擁有自我意識，自尊心也很強，在有旁人的場合直接責罵，會傷害孩子的自尊心，當下責備其實會造成反效果。

話說回來，如果是12歲以下的學齡幼童那就另當別論。過了一段時間，孩子很可能會忘記自己做過什麼不該做的事。如果等到事後孩子已經忘記了才給予訓誡，只會讓他們感到混亂。

而且，**小朋友本來就不太會在意他人眼光，所以不必擔心會傷到他們的自尊心。因此，當孩子做錯事情時，必須要在當下明確地告誡他「不能那麼做」。**

其實「父母」反而比較在意他人的眼光，有時父母覺得不好意思所以無法當場訓誡孩子。

★父母的行為反覆，會失去孩子的信任

以下這個例子或許有點不同，在此提出來與讀者分享。有個孩子在幼稚園不小心尿褲子了，但手邊又沒有可替換的乾淨衣物，所以老師讓他穿上園內的備用衣服。等孩子回到家後，家長向園方反應「孩子覺得很難為情，希望下次不要再那麼做了」。然而，真正難為情的不是孩子，其實是家長本身。

對孩子來說，即便會感到難為情，卻能提醒他下次別再尿褲子，這麼一來孩子的集體生活才算是有意義、有成長。

不在他人面前訓誡孩子、沒有人看到的時候才訓誡孩子。這樣缺乏一致性的態度會讓你失去孩子的信賴。**當孩子做了不好的事，就算有別人在場也要明確地告誡孩子那是不對的行為，這點很重要。**

孩子犯錯，一定要當下告誡

×
「上次」你對
老師吐舌頭是
不對的唷！

如果沒有當下告誡孩子，
他們很容易就會忘記。

○
「剛剛」你對
老師吐舌頭是
不對的喔！

對於孩子錯誤的行為，
「當場」、「立刻」給予訓誡很重要！

07

一次只指正一件事，孩子才會「懂反省」

「剛剛你〇〇是不對的喔！」

「真是的，怎麼都不會！你為什麼只會這個樣子？」

「上次你也這樣，我不是跟你說過了，怎麼都講不聽呢？」

人在生氣的時候很容易像這樣提起往事，或將平時的不滿通通說出口，像是把累積已久的壓力全部宣洩在孩子身上。

★責備方式錯誤，孩子會不懂反省

在前文中曾提到，**教訓時如果喋喋不休說個不停，孩子會心生反彈，或是注意力變得不集中，陷入幾乎無心聽你說話的狀態。**

但是，這麼一來父母又會更加生氣，甚至說出否定孩子人格的話。一再重複這樣的教養模式，日後只要父母一開口，孩子心裡就會想「又來了」，當然也不會去反省自己的錯誤。所以，**教訓孩子時，一次只要針對一件事，針對孩子當下所做的行為予以告誡就好。**

08

利用「父母的感受」讓孩子愧疚與反省

「我的寶貝竟然說謊，媽媽真的好難過……」

當孩子弄壞重要物品或說謊的時候，父母常會生氣地大罵「不可以這樣！」**但如果孩子不是刻意那麼做的話，請利用「I訊息」傳達你的想法。**「哎呀～媽媽好失望」、「我的寶貝竟然說了謊，媽媽好難過」像這樣讓孩子知道他的行為對你產生什麼樣的感受，甚至讓最愛的媽媽感到難過。這種方式比起劈頭就罵孩子更能令他們自我反省「我做錯了，媽媽對不起」。

★「憤怒」是阻礙溝通的高牆

其實我們感到「憤怒」的時候，其中也隱藏了不安、恐懼、悲傷等情緒。**若將憤怒的情緒完全發洩出來，對方也會生氣反抗。不過，如果表現出「不安」、「恐懼」或「悲傷」的情緒，對方就不容易出現氣憤的反應。**

「I訊息」是種高層次的溝通技巧。誇獎孩子或訓誡孩子的時候不妨試試看這個方法！

09

說原因，講道理，孩子才不會犯第二次錯

「為什麼不可以呢，那是因為……」

各位應該都看過這樣的場景——家長對著在超市裡亂跑嬉戲的孩子說：「這樣會被店員罵喔！」或是對在捷運內吵鬧的孩子說：「你看，那個叔叔生氣了！」、「你再這樣鬧，警察伯伯會來抓你喔！」

這樣只是在「威脅孩子」，他們並不知道自己做錯了什麼事，所以下次只要換個地方或情況，他們還是會做出相同的事。這種說法也等於是將責任推到別人身上。如此一來，**孩子就會認為只要在別人看不到的地方，還是可以那麼做。**

★清楚說明「為什麼」，是父母的責任

訓誡孩子的目的，是為了不讓他們再犯同樣的錯誤。因此必須明確告訴他們「為什麼不可以那麼做」的理由。要是覺得說明理由很麻煩，或是不知道該怎麼說，那麼你就喪失了為人父母訓誡孩子的權利。必須告訴孩子任何人聽了都會認同的理由。請謹慎思考該怎麼說，讓孩子學會在這個社會上生存的規則。

10

有話好好說，「軟性請求」也能修正孩子行為

「拜託嘛，整理一下房間好嗎？這樣媽媽會很開心的！」

孩子做了危險或違反規則的事，我們必須明確地告誡他們「**不可以！**」但像是整理家務或唸書等，就算沒做也不會造成他人困擾的事，如果也用「不可以！」來予以訓誡，實在很難對孩子說明理由。這時候，不妨試試看透過「請求」的方式傳達意思。

★「父母」就是孩子改變的動力

記得有位三個兒子都考進了東大的媽媽這麼說過，「**孩子表現優秀對父母來說絕對是件好事，所以我總是告訴兒子們『要為了媽媽用功唸書喔』**」。雖然我從沒對兒子說過那樣的話，但這種主張也沒什麼不對。

孩子為了讓父母開心而唸書、整理物品。即便動機是為了父母，但達到成果後本人也很快樂、很滿足的話倒也不是件壞事。

「拜託嘛，去唸一下書！不然媽媽會擔心你的將來。」

「整理一下房間好嗎？這樣媽媽會輕鬆很多。」

像這樣，**讓孩子覺得自己做的事是在「幫你的忙」的說法也很不錯。**

「這樣做的話，媽媽會很開心」，對孩子來說是為了獲得「快樂」而展開行動。比起用命令的口氣，這樣的說法更能讓他們心甘情願地去做。

「讓孩子更快樂」的說話方式

❶如果你把玩具收好，媽媽會變得輕鬆很多！

❷拜託你收一下嘛～

❸如果你不整理，媽媽會很辛苦耶！

❹要是你收好的話，媽媽會覺得很開心喔！

父母說話時，記得不要過度彰顯自己的主張。

11

「你覺得怎麼做比較好呢？」

別急，讓孩子慢慢想，答案也許更完美

看到孩子做出不當的行為，父母通常會有「趕快罵他才能糾正過來！」的想法，但其實多數的孩子早就在反省「我做錯事了」。當下就算沒有出聲斥責，孩子下次也會主動改正。

★好孩子絕對不是罵出來的

「小孩要罵才會學乖」這是父母自以為正確的觀念，也代表父母不相信孩子的能力。相信孩子能夠修正自己的行為，用來取代斥責的話就是：「**你覺得怎麼做比較好呢？**」

與其生氣地告誡孩子「你給我這樣做！」不如讓他自行思考正確的答案，這樣錯誤才能得以修正，未來孩子如果做對了，也會產生成就感。如果經常對他們這樣說，漸漸地他們就會自己思考、行動，也能減少父母訓誡的情況。

請捨棄「孩子要罵才會成長」的偏見，相信孩子的能力吧！

讓孩子看到父母正在「宣洩情緒」，也是一件好事

雖然本章介紹了數種適當的訓誡方式，但是我自己也不是每次都能運用得宜，有時生起氣來也會無法壓抑怒氣，甚至好幾次對兒子大發脾氣。

「就是很想發飆，該怎麼做才能克制情緒？」媽媽們的煩惱我非常理解，其實有時對孩子發飆之後，心情也不見得會比較好。

★「大喊出來」能平復失控的情緒

因此，當你覺得心中有股壓不住的怒氣時，不妨試試我推薦的方法，

那就是「對著天空大喊」。如果對孩子說出難聽的話，孩子的內心會受到傷害，幼小心靈也會受挫。所以請對著天空「**啊～～～～～～～～氣死我了！**」像這樣將心中不滿的情緒大聲地喊出來。

這麼一來孩子就能充分了解媽媽正在生氣，雖然會有點受到驚嚇，但下次他或許就不會做出令你生氣的行為。與其一直悶在心裡，**大喊之後，媽媽的心情會變得輕鬆，也比較沒有罪惡感，過了一會兒就能冷靜下來。**請各位務必試試看。

Part 7

教會孩子離巢飛行！

培養孩子獨立的15個練習

相比於其他動物，人類從出生到成年需要的時間非常久，
因為人要面臨的生存挑戰很多、很多。
父母必須傾盡全力在孩子成年前教予他所有的生存技能，
不能只想著要給他最好的一切，最好的環境。
總有一天，孩子都要離家到外面的世界去闖蕩，
這是父母從他呱呱墜地那天就要時刻提醒自己的事。

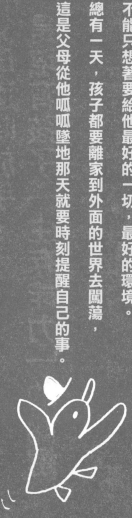

01 父母適時放手，是培育孩子「生存能力」的關鍵

什麼是「獨立生存的能力」呢？或許有人會想，大概是將來會不會賺錢的能力吧。當然，這的確是很重要的事，但「生存能力」並非由收入或職業來決定，如何邁進那個階段的過程才是重點。

★教養孩子之餘，父母別忘了享受人生

就算讀到碩士博士畢業，擁有再多的知識及資訊，也稱不上是有生存能力。也就是說，就算學校成績很好、有優秀的學歷文憑，這些也不算是具備生存力。比起那些更重要的是，**從獲得的知識或資訊中，明確辨別出**

「就是這個！」，並懂得如何運用，一切靠自己思考、決定並行動，而且對結果負責。這才是「生存力」。

我認為要培育孩子的生存力，父母與其動手協助，不如試著放手會更好。隨著年齡的增長，媽媽們應該將照顧孩子的心力，轉而注意自己的人生。讓孩子看到父母擁有夢想、積極享受人生的態度，對於培育孩子的生存力非常有幫助。

02 享受當下，讓孩子知道生活「不只這樣！」

我們總是忍不住會煩惱未來，沉陷於過去挫折的經驗。但是，做父母的如果老是說些消極的話，出現負面想法，孩子自然也無法用積極態度去思考，就連待在家裡也很不快樂。

選擇以擔心、憤怒、埋怨的心情去度過當下這個瞬間，或是對眼前的事物心存感謝，以愉快雀躍的心情面對，會讓時間具有不同的價值，這是可以自己選擇的事。

生命會透過「時間」累積，慢慢形成你我的一生。換言之，**如果一直**

用愉悅的心情度過「現在」，累積起來就變成快樂的人生了。也就是說，比起過去或未來，「此時此刻」更重要。而且，「現在」是我們唯一能夠掌控的時間。

★「說」出當下的美好感受

我有一位朋友總是將「這個好好吃！」、「哇啊，好香喔！」、「心情真好！」、「天氣好好，今天也要加油喔！」、「好幸福！」之類的話當作口頭禪，聽起來就是很享受當下這個瞬間。每次只要和她在一起，身旁的人心情都會跟著愉快起來。

除了自己心情好，身邊的人也跟著心情好，這是多棒的一件事啊。唸書獲得知識或習得技術固然重要，**但擁有享受「現在」的能力，才能讓孩子度過快樂的人生。**

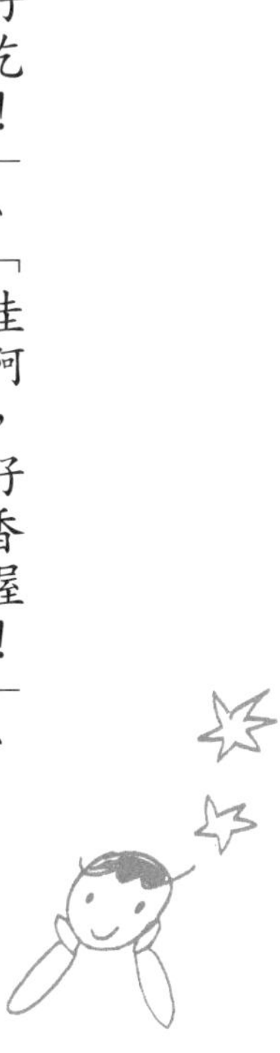

早上起床心情很好、吃到美味的飯菜心存感謝、和家人在一起就覺得很快樂，為了讓孩子能夠隨時享受當下，身為父母的你我應該常將這些事用言語表達。請各位務必試一試！

享受每一個「現在」

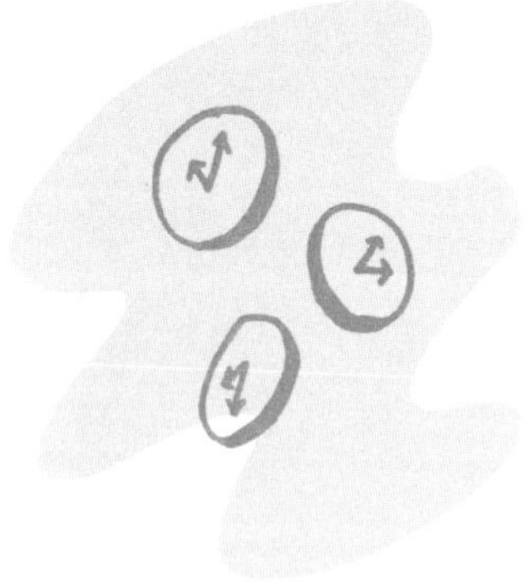

我們的生命是由時間
所累積而成。

1

用愉快的心情度過當下，
累積起來就是幸福的人生！

2

將享受當下這個瞬間的
話語當作口頭禪。

3

享受「現在」的人生會
讓你感到很幸福！

4

03 每天都要和孩子「談談心」，天南地北，什麼都聊！

小時候曾看過一部名為《小安娜》的卡通，主角小安娜經常在「尋找美好的事」。小安娜生活在不幸福的環境中，但她每天都會「尋找美好的事」。因此，她總是能夠用開朗樂觀的態度面對一切，無論遇到什麼事都能積極地克服。漸漸地她身邊的人也開始受到影響。

至今我仍記得，自己也從小安娜身上獲得了許多勇氣。

每天都會發生很多事，但不可能都是愉快的事，**如果心中只記著不愉快的事，那麼一整天都會很不快樂。**假如整天想到的都是開心的好事，那

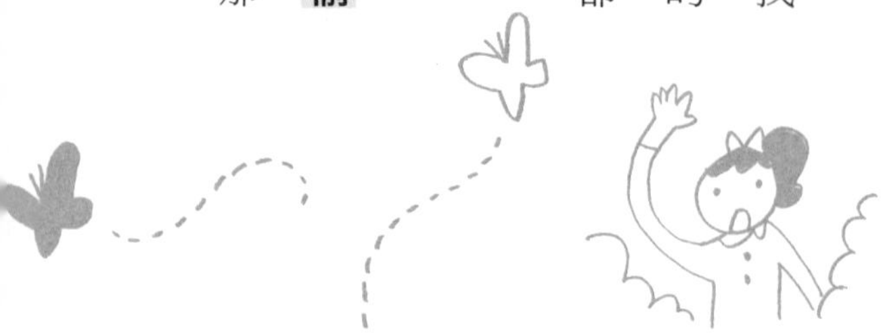

一天就會變成美好的一天。換言之，我們的一生過得快樂與否，與實際發生了多少好事無關，而是你能不能「找到」很多美好的事。

★尋找幸福，咀嚼，然後回甘

以前只要做好自己的事就可以了，但是當了媽媽後必須花費更多時間與心力在孩子身上，根本沒有自己的時間。所以偶爾會心煩、焦躁不安是很正常的。

想化解內心焦躁的感受，建議可以在一天將要結束前，例如晚餐或睡前時光，和孩子聊聊今天發生過的好事。聊起美好的事，心情自然會變好，臉上也會露出笑容。

「今天又是美好的一天」、「明天會是更棒的一天」，帶著這

樣的想法為一天做個Ending，大腦就會在入睡時統整出美好的事，並且增強尋找美妙事物的能力。

每天都要「尋找美好的事」

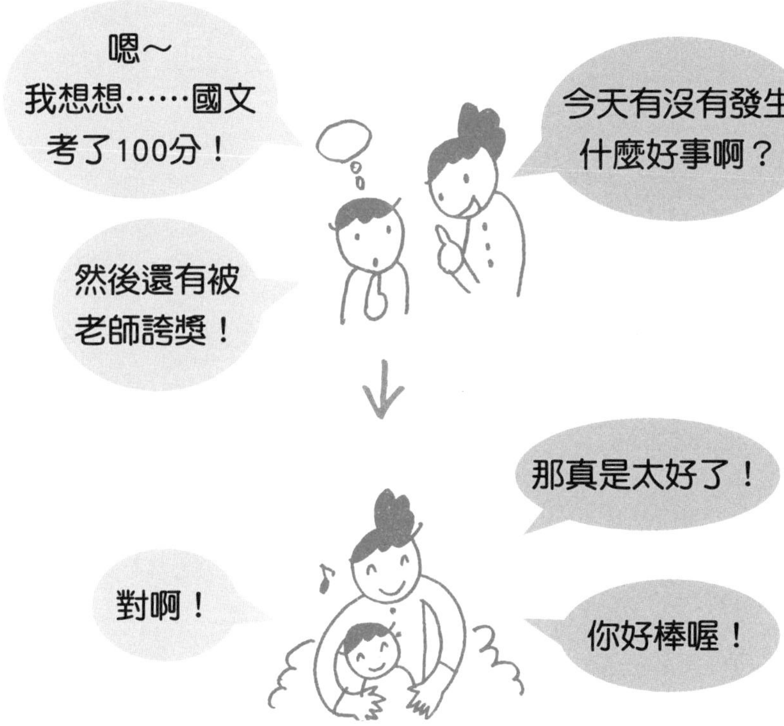
今天有沒有發生
什麼好事啊？
嗯～
我想想……國文
考了100分！
然後還有被
老師誇獎！
那真是太好了！
對啊！
你好棒喔！

**只要想「今天是美好的一天」，
明天就會變成「更棒的一天」！**

04 別把焦點全放在「陪小孩」，父母要不斷自我學習！

我的母親一直都在工作，做家庭代工、兼職、當家教……，看著母親辛苦的背影長大，我也理所當然地認為即使結了婚也要繼續工作。不過，並不是做一般的正職工作，而是下午五點可以準時回家的兼職工作。

雖然成長過程中我一直看到母親努力工作的樣子，卻從沒見過她學習才藝或有什麼嗜好，所以自己成為母親後，也沒有想過要去進修，或是培養什麼特別的興趣。

然而，看看現在同年的女性，如果母親是不受家庭拘束的女強人，女

兒也會全心投入工作。假如母親是相夫教子的家庭主婦，女兒也會選擇專心照顧家庭，這樣的例子屢見不鮮。

有些親子選擇的人生截然不同，多數是因為有重要的契機，或是父母成為負面教材，讓孩子決定不要走上相同的路。**孩子都是看著父母背影長大的，如果希望孩子熱衷學習，身為父母的你也必須不斷學習。**

★樂於學習，讓孩子向父母看齊

「真羨慕媽媽～可以不用唸書！」聽到孩子這麼說時，不少媽媽會這麼回答：「媽媽要工作啊～小朋友的工作就是唸書呀！」這樣回答雖然沒什麼不好，可是如果你每天心情都很差，不停地抱怨工作很累，表現出厭煩的態度，也會讓孩子對於唸書這件事感到厭倦疲累。

因此，工作再忙也要讓孩子知道這是有意義、並讓你樂在其中的事。

如果可以，**挪出一點時間培養自己的興趣，學習新的才藝或閱讀書籍，讓孩子看到「媽媽也在唸書」的樣子**，他就會跟著產生學習的意願。

我開始學習新事物是在兒子小學六年級的時候。雖然我沒讓兒子從小看到我學習的樣子，但平時的習慣自然會影響孩子。在許多媽媽身上，我清楚地見證到這件事。**想讓孩子養成什麼習慣，父母必須先親身實踐，示範給孩子看。**

孩子是看著父母的背影長大，媽媽表現出積極的態度，孩子才會有活力。
背影

05 讓孩子知道「朋友很重要」，珍惜友情

人是無法獨自生活在這個世界上的。孩子自出生後，就進入了「家庭」這個群體，之後陸續接觸托兒所、幼稚園及小學，不管是在哪個環境都會與他人互動。

比起和大家一起玩，有些孩子更喜歡獨自默默地專注某些事物，那些孩子的朋友不多，但還是可以結交到興趣相投、合得來的摯友。

朋友可以一起歡笑、一同流淚，沮喪低落時能彼此鼓勵，這種珍貴的存在，是無法用金錢買到的，相信人生經歷比孩子豐富的父母們應該都了

解這一點。不過，**孩子有時會為了一點小事與朋友發生爭執，這種時候就算對孩子曉以大義，他們還是會礙於心中的感受無法與朋友重修舊好。**

★教孩子珍惜朋友的存在

父母說得太多，對孩子未必是件好事，有時反而會讓孩子鬧彆扭，所以最好的方法就是接受孩子的感受，暫時先觀察一陣子。

父母向孩子傳達朋友的重要性時，與其說大道理讓他們了解，不如用自己的話來說效果會更好，像是**「能夠交到好朋友真是太好了」**、**「有好朋友很棒喔，那是令人很開心的事」**。同時也可以向孩子的朋友說**「謝謝你願意當○○的好朋友！」**慢慢讓他們體會友誼的重要性。

06 今天要穿什麼衣服？帶什麼上學？讓孩子自己做主

進入職場工作後，社會需要的是能夠獨立思考和行動的人。沒有一家公司會需要做事一板一眼、只照著指示做事的人。

想擁有獨立做事的能力，必須先找出自己該做的事，思考處理的步驟，並列出「任務清單」，把待辦事項列成表格，然後確實地完成每項工作。為了讓孩子將來成為優秀人才，從小就要讓他自己整理該做的事，或準備需要的物品，養成確認的習慣。

有一個不錯的做法可以讓孩子練習獨立。**念幼稚園時，將每天該攜帶的用品寫在一張大圖畫紙上，附上插畫或照片貼在牆上。**

製作對照圖時，請試著問孩子「去幼稚園要帶什麼呢？」讓孩子逐一說出需要的物品。**等孩子開始上小學後，將對照圖改成表格**，加上日期的欄位讓孩子自行確認。這麼做也能讓他們產生小小的成就感。

★父母不插手，才是真正的幫助

就算孩子寫錯確認表的內容，父母也絕對不要替他們代勞。**「思考哪些是必要的東西」這件事很重要，不該由父母來做，而是讓孩子自己想。**父母只要等孩子做好表格再幫忙確認就好。

或是先讓孩子完成確認表，等他在學校發現漏帶了什麼東西就會記起來，從經驗學習、讓下次不再犯同樣的錯誤，這麼做孩子也會有所成長。

除了學校要帶的物品，像是才藝班需要的用品、回家後要做的事等，也能讓孩子動手製作確認表，可以多設定幾個主題，讓他們多多嘗試。

07 讓孩子自己規劃行程，別當孩子的「私人秘書」

除了前述的確認表，還有一個務必要讓孩子嘗試的就是「寫進度表」。小時候的暑假作業一定會有整體進度表與每日作業。雖然每次寫的時候都覺得很麻煩，但如果能照計畫度過每一天，或依照預定時程完成該做的功課，心裡會覺得踏實，並因此感到很愉快。

自己安排進度這件事，並不簡單。因為你必須對時間有明確的掌握與認知，預估自己需要花費多少時間做好這些事，以及完成的期限。

★用「提問」引導孩子規劃進度

一開始父母必須從旁協助，當孩子規劃進度時，可以詢問他這些問題：

「從早上到晚上，有什麼是你要做的事？」

「一天當中，你一定要做的事是什麼？」

「大概要花多少時間做這件事？」

「那件事，你覺得什麼時候做比較好？」

如此重複多問幾次，時間久了他自然就可以學會規劃的技巧。然後，等孩子做好計畫表，照進度完成作業的時候，請記得要好好地誇獎他。

「管理能力」是讓孩子獨立的基礎。孩子如果能自己寫出進度表和確認表，這就表示他已經具備自我管理的能力了。規劃作業進度、制訂讀書計畫等，請協助孩子自己完成這些工作，他們會因此提升獨立的能力。

08 「決定和選擇」都是孩子的事，父母不要干涉太多！

人生就是不斷地選擇與決定。當下這個瞬間要選擇什麼，從物品到時間的用法，所有的一切都包含在內，現在的選擇會影響下一個瞬間會發生的事，進而改變了結果。在餐廳決定要喝咖啡還是紅茶、決定要坐哪裡，也都算是一種選擇與決定。這樣想的話，各位應該能夠理解「人生就是不斷地選擇與決定」這句話了。

「選擇」就是選了什麼並捨棄什麼，「決定」則是除了這件事，其他都不列入考慮，因此「選擇」與「決定」是相互關連的存在。

請試著列舉出來。到目前為止，你讓孩子決定的事有哪些，你為他決定的事又是哪些。從每天穿的衣服、帶的東西、吃的食物等瑣事，到參加的社團、學習的才藝、要不要繼續或停止補習、將來的升學等，這些事當中，有哪些是你讓孩子自己決定的呢？

假如孩子的每一件事情都是由父母決定，不就等於在無形中剝奪了孩子選擇與決定的權利嗎？

★父母放手，才能讓孩子「對自己負責」

隨著孩子的成長，重要的選擇與決定會越來越多，如果等到某一天才告訴他「**你必須自己做**」，孩子一時之間會難以接受。

要穿什麼衣服？先洗臉還是先換衣服？從小慢慢訓練孩子自己決定一些小事，養成負責任的習慣，就算當下判斷錯誤，不小心把換好的衣服又

弄濕了，那也是為了孩子好。**「自己決定的事，會有這樣的結果」，這些經驗累積起來，就能培養孩子預知後果的能力。**

許多父母總是太過呵護小孩，將所有決定權都抓在自己手中。在此要建議父母們鼓起勇氣，試著讓孩子「做決定」。而且，不要對孩子的決定多說什麼，放手讓他們做就對了。這麼一來，孩子就能學會許多事，也能大幅成長。

養成「自己做決定」的習慣

我要開始
○○囉！
我要去
○○喔！
我不想
△△！

小時候就讓孩子「自己做決定」！

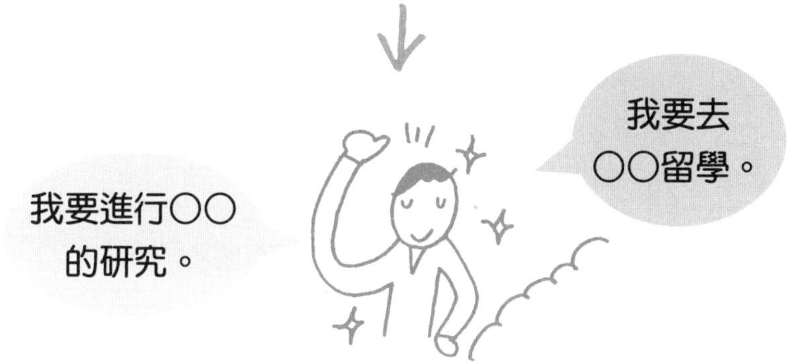
我要進行○○
的研究。
我要去
○○留學。

長大後他就能掌控自己的人生，
在每一個重要時刻做出決定。

09 讓孩子感受「獨自完成一件事」的喜悅

以前還住在名古屋時，我很少看到小學生獨自搭電車去上學。然而搬到東京之後，卻經常看到小朋友自己搭電車出門。內心驚訝之餘，也佩服這些孩子年紀雖小卻很能幹，真了不起。

說到這兒，曾有媽媽問我是否該讓小學一年級的孩子幫忙買東西或獨自看家，這樣的反應又顯得有些多慮。的確，讓孩子體驗沒做過的事，父母都會非常擔心。因為父母腦中總會充滿「要是發生危險的事怎麼辦？」之類的負面想像。

★相信孩子可以摘取成功的果實

父母如果因為擔心就不讓孩子接受挑戰，只會延誤到孩子的自立發展。風險管理固然重要，但身為父母，必須鼓起勇氣驅趕內心的恐懼，試著讓孩子預先知道可能會發生哪些危險的事，並且放手讓他們嘗試。

去沒去過的地方、挑戰從未獨自做過的事，這些對孩子來說都是充滿驚奇的體驗。**戰勝內心的不安，順利抵達目的地或是獨自完成一件事都能讓孩子有顯著的成長。**

請拋開那些負面的想像，預想孩子獨自完成一件事時的喜悅神情，然後告訴孩子「**放心！你一定辦得到！**」積極地放手讓孩子去體驗。

10 在孩子面前「說人閒話」，絕對不是良好的身教

各位是否看過《如果世界是100人村》這本書呢？這本書的內容如書名所示，將全世界用100這個數字概括比喻，然後分析實際上人類的狀況會有怎樣的數值，自己會面臨什麼處境。

書中有這麼一段話，**「假如冰箱裡有食物、有可以穿的衣服，頭頂上有屋頂可以遮風擋雨、有可以睡覺的地方，那麼你已經比世界上75％的人來得富裕。如果銀行裡有存款、錢包裡有錢、家中的某處有零錢，那麼你就是全世界前8％最富裕的的人」**。大部分的日本人都在那8％之內，雖

然311大地震後情況有些改變，但多數人仍在8％的範圍內。

將視野擴展為世界規模，或是回溯久遠前的歷史，你就會明白生活在現今這個時代，如果老是抱怨「那個不夠、這裡不好、都是某某某的錯」是多麼愚蠢的事。

★感恩的心是幸福之源

不知道各位是否看過，聽了「謝謝你」和「你這個笨蛋」的水會形成怎樣的結晶？前者的結晶很美，後者很醜。我們的身體有70％都是水，如果總是說或聽到負面波動的話語，身體的細胞就會受損壞死。

如果希望孩子擁有幸福的人生，那麼請不要在他面前說別人壞話或發牢騷，要對現況及身邊事物表現感謝的態度。孩子若能懂得感謝周遭的一切，他絕對會變得更幸福。

大手拉小手專欄

可以「發牢騷」，但請別讓孩子聽到

相信許多正在養育孩子的媽媽們，有時就是忍不住想發發牢騷。抱怨帶孩子的辛苦、抱怨學校的老師、抱怨婆婆或老公，說說心中的不滿。

就大腦和言語的關係來看，說話消極的人想法肯定也是如此，就連傾聽者也會產生悲觀的情緒。如果孩子一直聽到負面的言語，又會變得怎麼樣呢？

★親子之間，沒有下課時間

父母的言行會深深左右孩子的價值觀，特別是孩子年紀還小時，即便

你認為他聽不懂所以不在意，但孩子其實都有聽進去，然後某天出其不意地說出你曾說過的話。請各位務必記住，**父母說的話會對孩子造成強大的影響，遠遠超過你的想像。**

假設媽媽在女兒小時候總是對她說：「長大以後不可以和爸爸這樣的人結婚喔！」不停地說爸爸的壞話。或許這個媽媽並沒有惡意，可是一直聽著這些話長大的女兒，試問在她心裡會如何看待自己的父親？在她的成長過程中會怎麼去想自己父母的關係？這一點你我都必須留意。

不過，忍著不發牢騷確實很難受。所以，偶爾趁著孩子不在的時候，找朋友吐吐苦水也不為過。但最後請記得吃塊好吃的蛋糕，聊聊開心的事情，用感謝的心情結束對話喔！

11 每個孩子都需要「成就感電池」

假設電池可以激發人類的幹勁，那麼能夠長時間維持強效動力的電池就是：「對未來的期待感及成就感」。能夠以這樣的電池為原動力努力的人，就算住在無人島也能生存。

成就感會使人上癮。在獲得數次的成就感後，自己設定目標的能力會越來越強，享受達成目標的快樂，進而產生嘗試的意願並獲得自信。

換言之，**「成就感電池」在每次達成目標後就會自行充電，因此怎麼用電力都不會短少，還會不斷增加。**

★循序漸進為孩子「充電」

為了讓孩子擁有「成就感電池」，請先試著從小事開始設定目標，幫助孩子體驗。例如把飯全部吃完、寫一個月的日記、在規定時間內做完功課等，在生活中設定幾個小目標讓孩子逐一完成。

至於前文中提過的「確認表」和「進度表」也是讓孩子產生成就感的好道具。當孩子達成目標時，請用力地誇獎他。**自己因為成就感電池而有所行動，並且受到身邊的人稱讚，獲得的能量會加倍。**漸漸地，孩子就有勇氣挑戰更大的目標。

12 對孩子「說好話」，就是給他力量

唸幼稚園的時候、上小學、升上新年級重新分班的時候、學習新事物、進入職場工作的時候、結婚、懷孕生子……，人生充滿了各種轉折。當你面臨這些轉折時，會懷抱期待的心情，還是消極以對呢？

如果出現的感受是「快樂」，那麼你就會覺得這些事很簡單。反之，若出現「不快樂」的感受，處理這些事時就會覺得很痛苦，感到心力交瘁。只要想像的畫面有所不同，心情就會有180度的轉變。**保持愉悅的心情展開行動，對身心健康才有正面的影響。**

★經常告訴孩子：「有好事要發生喔！」

假如父母開口閉口，總提到對未來的擔憂或消沉的想像，孩子的大腦就會產生悲觀的想法，養成負面思考的習慣。

「上課可以學到很多新的事情，這樣你就會變聰明囉！」

「在學校可以交到很多新朋友喔！」

「不知道會發生什麼事，好期待唷！」

多說些正面的話語，孩子自然會變得樂觀積極。對於孩子的未來請保有正面的心態，經常告訴孩子：「將來會有什麼好事在等著你呢」。

13 磨練孩子思考，將來他才會安排「人生進度」

「你有什麼夢想呢？」、「人生只有一次，你想怎麼度過？」、「對你來說，什麼才是最幸福的人生？」你曾經被問過這些問題嗎？如果沒有，請試著找找看身邊有沒有這樣的人，會使你的人生發生很大的轉變。

我還是普通的家庭主婦時，沒有任何人這麼問過我。但接觸到Coaching訓練課程後，我的身邊出現了許多會這樣提問的人。

聽到別人面帶笑容地問我「你有沒有想做的事還沒實現呢？」然

後很有興趣的聽著我說，這不但令我感到雀躍，也變得非常幸福，從而產生了「**那就來試試看吧！**」的鬥志。

因此我的人生出現巨大轉變。現在不光是身邊的人，就連我自己也常會自問「你有沒有未完成的事想做？」、「你想怎麼做？」**自己安排人生的進度表，不受他人牽制，人生就能變得更快樂。**

★多問孩子「你想做什麼？怎麼做？」

小時候我們總有許多「想做！」的事。父母和老師也常會問我們「**將來你想成為什麼？**」、「你想做什麼？」

然而長大後卻常聽到別人說「**去做那個**」、「**要這麼做**」、「你要認清楚現實」，我們做的不再是「自己想做的事」，而是迫於無奈去做「不得不做的事」。一直做「不得不做的事」會讓人感到疲累，必須設法補充能量，相對的，**做自己「想做」的事時會產生能量，而且就像陽光一樣源源不絕。**

若想讓孩子擁有充滿活力、保有自我的幸福人生，在孩子小時候請經常傾聽他「我想……」的心聲，並且給予支持。**如果孩子「想做」的事也是他「不得不做的事」，孩子就會更積極努力。**

平常多問問孩子，將來想做什麼？現在想怎麼做？如果做了會發生什麼好事？讓孩子養成思考的習慣，他就會成為一個「懷抱夢想」的人。

拓展孩子潛能的魔法

你想做什麼？
你想成為什麼樣的人？
好期待！
好興奮！
怎麼做才能變幸福？

「你想〇〇嗎？」這個問題會為孩子帶來快樂的人生

追求「想做」的事就會變得幸福！

大手拉小手專欄

父母自以為是、高高在上，會讓孩子更看低自己

當自己說的話遭受否定，應該沒有人會感到開心。所以難免會和意見相左的人刻意保持距離。以大人來說，這也算是一種待人處世的方式。但如果是與小孩的「親子關係」就要格外注意。

孩子的內心比大人更加細膩，對孩子來說，父母是他們「最希望獲得認同的存在」。然而，**不少父母總是忽略孩子的感受，認為自己都是對的，理所當然地用高高在上的態度對待孩子。**

因此，父母常會下意識否定孩子說的話。時間一久，孩子對父母的信賴會越來越薄弱，他們會認為自己說的話都是白說，不願意再開口，就連父母說的話也聽不進去。

★「傾聽」是教養的第一步

一直被最愛的父母否定，孩子也會無法提高自我肯定感。每次受到否定，孩子就會開始貶低自己。年紀越小的孩子情況就越嚴重。

那麼，如果孩子強詞奪理或是說了想法偏差的話，該怎麼辦才好呢？

這時候，請先聽聽他的理由。**讓孩子感受到你願意傾聽他的想法，了解他為何那麼想、為何那麼說。聽完他的理由後說聲「原來如此」表示接受，讓他知道你了解了。**與其孩子一開口就予以否定，這樣的方式更能正確的啟發孩子。

14 一直幫孩子決定，以後他連「嘗試」都不敢

每個人都擁有自己的使命，但那些使命並非「不得不做的事」，而是發自內心「想這麼做！」的事。也就是說，我們是為了完成夢想才來到這個世上。**那些想做的事是上天的旨意，也是潛意識中已經知道的事。當我們完成想做的事時，就是我們感到最幸福，且能力獲得發揮的時刻。**

還記得第45頁曾提到，孩子在母親腹中成長時，他們已經在天上決定好「**我要這個人當我的媽媽！**」。換言之，孩子在出生前早有想法，決定要做那些事。這與父母的期望或能力無關，是孩子獨有的特性。

★讓孩子就小就懂得「勇敢說夢」

父母若能給予支持，孩子的潛能就可以無限發揮。壓抑想做某件事的心情，**聽從父母的安排持續去做「不得不做的事」，孩子長大後就會不知道自己想做什麼。**做父母的請好好支持孩子，順從他內心的聲音，讓孩子勇敢地說出「**我想……**」，不要忽略孩子的心聲。

15 為孩子上一堂「實現自我夢想」的課

有位媽媽曾問我：「我的夢想就是幫助孩子實現他的夢想。可是孩子到現在都沒有任何夢想。我該怎麼辦才好？」我將這個問題放到部落格上尋求大家的意見，結果得到了這樣的建議：

「不妨試著仔細問問孩子，有沒有什麼想做的事？」

「是不是應該讓孩子多多見識、多多體驗呢？」

當然，這些建議都很有道理，不過我認為還有更重要的事。那就是——父母本身要擁有夢想，並且朝著夢想前進。

★孩子無處不以父母為鏡

只要父母擁有「我想變成這樣！」的夢想，這個態度會成為一面鏡子反射到孩子身上，他就會更有勇氣迎向不一樣的挑戰。

孩子總是很留意父母的一舉一動。他們對父母的觀察相當細微，從中獲得的感受也很豐富。換言之，父母的言行舉止帶給孩子的影響之強大超乎父母的想像。父母每天是以怎樣的態度在生活，過著怎樣的人生，孩子全都看在眼裡，並在心中預想自己長大的樣子。

如果父母平常老是發牢騷，孩子就會覺得長大好像很痛苦，不想跟父母一樣；如果父母每天都很有活力，快樂地享受人生，孩子自然會想快快長大。

如果希望孩子擁有夢想，充滿活力地享受人生，父母就要身體力行，為孩子建立好的模範。記住「背影會說話」，而且更具影響力。想想看，你的背影正在和孩子說什麼話呢？

我也好想幫
助別人！
好想趕快長大喔！

大手拉小手專欄

責罵不是一種溝通，焦點請放在「孩子的內心感受」

父母聆聽孩子說話時，總是容易把整件事集中在某個焦點上。

例如孩子說：「媽媽，我討厭○○」，我們會因為生氣而告訴孩子：「不可以這樣說」。又或是孩子說「今天在學校，○○欺負了其他小朋友喔！」我們就會說「真的嗎？○○這樣很不好耶！」

雖然這麼說不會影響我們與孩子之間的對話，但因為孩子還無法完整地表現自己的情感。**若是以「我懂你現在想什麼」的態度來回應，就能準確地掌握孩子的情緒感受，了解他們真正想表達的東西。**

★引導孩子說出真實的感受

回到前例，當孩子說「我討厭○○」時，父母們請先仔細想一想，孩子現在心裡存在的是什麼感受呢？肯定是因為「很難過」才會讓他說出那樣的話吧。此時理想的做法就是告訴孩子：「這樣啊，你會說『討厭』一定是他做了什麼討厭的事，對不對？」

當孩子說「○○欺負了其他小朋友喔！」其實他心裡應該很「驚嚇、害怕」，這時候應該問孩子：「哎呀，怎麼會這樣呢？你一定嚇了一跳吧？那你覺得他這樣做對嗎？」

孩子的內心隨時都在變化。如果父母能夠理解孩子，他們就會產生無比的安心感。傾聽孩子說話時，別將焦點放在事情上，請好好關注他們的感受。這樣才能讓親子關係變得更和諧親密。

結語

沒有「教不會」的孩子，只有「不會教」的父母

二〇一一年3月11日，發生了東日本大地震。

這場地震引起了海嘯及核災，面對這突如其來的慘況，讓我對自己渺小的存在感到無力又痛心。直到此時此刻，仍有許多人為了震災所苦，繼續與眼前的現實奮戰。我相信很多人也因為這件事改變了人生觀。

背負著未來的孩子們，今後生存的時代肯定比現在更加嚴峻艱辛。那麼，我們可以為孩子們做什麼事呢？

過去我只在意怎麼養育孩子，無心關注其他事情，現在我則開始

對世界的動向、政治與經濟，甚至與生活息息相關的飲食問題產生了興趣。現今要獲得各方面的資訊是非常容易的事，但如何選擇最正確的說法，還是要透過與他人的實際互動及經驗，才能讓人信服。

★父母要觸類旁通，融入社會

因此我認為**「媽媽們應該要拓展視野，努力學習」**。雖然平日的生活已經很忙碌，但我希望媽媽們能活到老、學到老，讓大腦接收許多新資訊。除了關注孩子的成績與家人，也要將自己的能力發揮到社會上。這同時也是我想大聲對過去的自己說的話。

今後孩子生活的地方將不再受到侷限，世界就是他們的舞台，所以要更縝密思考孩子的生活方式。孩子們必須具備獲得資訊的手段（人脈），磨練敏銳度，從龐大資訊中明確選出「就是這個！」並活用判斷力與決斷力。

★有韌性，才能克服一切難關

世界上沒有人知道什麼才是標準答案。重要的是，你能不能坦然接受自己選擇的人生。追求「確實、安定」是人的本性，但今後要追求這兩件事將會變得更困難不是嗎？

既然如此，就必須擁有在「不確實、不安定」中生存的韌性與堅強。話說回來，**如果孩子在成長過程中，父母什麼都幫他們安排妥當，遵從父母的腳步前進，那麼他們就無法體驗人生，變得更堅強。**

訓練孩子自己做決定，並對結果負責，讓孩子重視與他人的互動，提升自信，這就是身為父母必須完成的重要課題。教養孩子的過程中，會出現很多無奈與迷惘，若本書介紹的說話方式或習慣能為各位帶來幫助，我會感到非常榮幸。

★父母不該誤解「責任」的定義

不過，父母的責任並非是「幫孩子決定人生」，而是要教導孩子「如何對自己的人生負責」。**所以父母不該誤解責任的定義，強硬地規範孩子「不能有半點差錯」、「不可以走偏了路」**。

因此，媽媽們也可以試著對自己說書裡的話，用積極開心的態度走向屬於你的人生。今後我也會更加努力，繼續幫助媽媽們達成目標。最後藉著本書的誕生，我要向一直在我身邊給予支持鼓勵的父母、兒子、學員及讀者們致上最深切的感謝。

谷愛弓

family field 親子田　親子田系列001

媽媽一定要學會的關鍵33句話

把「話」說對，孩子的未來就不一樣！父母的一句話，是教養大關鍵！

12歳までにかけてあげたい　東大脳が育つ魔法の言葉

作　者　谷愛弓
譯　者　連雪雅
出版發行　采實文化事業有限公司
116台北市文山區羅斯福路五段158號7樓
電話：（02）2932-6098
傳真：（02）2932-6097
電子信箱　acme@acmebook.com.tw
采實文化粉絲團　http://www.facebook.com/acmebook

總編輯　吳翠萍
主　編　陳鳳如
執行編輯　洪曉萍
日文編輯　王琦柔
業務經理　張純鐘
業務專員　李韶婉・邱清暉
行銷組長　蔡靜恩
行政會計　江芝芸・賴芝巧
封面設計　耶麗米工作室
內文排版　菩薩蠻數位文化有限公司
製版・印刷・裝訂　中茂・明和
法律顧問　第一國際法律事務所 余淑杏律師

ISBN　978-986-6228-53-7
定　價　290元
初版一刷　2013年1月10日
劃撥帳號　50148859
劃撥戶名　采實文化事業有限公司

國家圖書館出版品預行編目資料

媽媽一定要學會的關鍵33句話：把「話」說對，孩子的未來就不一樣！父母的一句話，是教養大關鍵！／谷愛弓原作；連雪雅譯. - - 初版. - - 臺北市：采實文化, 民102.1　面；　公分. --（親子田系列；1）譯自：12歳までにかけてあげたい　東大脳が育つ魔法の言葉
ISBN　978-986-6228-53-7（平裝）
1.親職教育 2.子女教育 3.說話藝術
528.2　101021580

12SAI MADENI KAKETEAGETAI TOUDAINOU GA SODATSU MAHOU NO KOTOBA

廣	告	回	信
台北郵局登記證			
台北廣字第03720號			
免	貼	郵	票

采實文化 ACME PUBLISHING 采實文化事業有限公司

116台北市文山區羅斯福路五段158號7樓
采實文化讀者服務部　收
讀者服務專線：（02）2932-6098

媽媽一定要學會的關鍵33句話

12歳までにかけてあげたい　東大脳が育つ 魔法の言葉

family field 親子田 **系列**專用回函

系列：親子田001

書名：媽媽一定要學會的關鍵33句話：把「話」說對，孩子的未來就不一樣！父母的一句話，是教養大關鍵！

讀者資料（本資料只供出版社內部建檔及寄送必要書訊使用）：

1. 姓名：
2. 性別：☐男 ☐女
3. 出生年月日：民國　　年　　月　　日（年齡：　　歲）
4. 教育程度：☐大學以上 ☐大學 ☐專科 ☐高中（職） ☐國中 ☐國小以下（含國小）
5. 聯絡地址：
6. 聯絡電話：
7. 電子郵件信箱：
8. 是否願意收到出版物相關資料：☐願意 ☐不願意

購書資訊：

1. 您在哪裡購買本書？☐金石堂（含金石堂網路書店） ☐誠品 ☐何嘉仁 ☐博客來 ☐墊腳石 ☐其他：＿＿＿＿＿＿＿＿（請寫書店名稱）
2. 購買本書日期是？＿＿年＿＿月＿＿日
3. 您從哪裡得到這本書的相關訊息？☐報紙廣告 ☐雜誌 ☐電視 ☐廣播 ☐親朋好友告知 ☐逛書店看到☐別人送的 ☐網路上看到
4. 什麼原因讓你購買本書？☐對主題感興趣 ☐被書名吸引才買的 ☐封面吸引人 ☐內容好，想買回去做做看 ☐其他：＿＿＿＿＿＿＿＿（請寫原因）
5. 看過書以後，您覺得本書的內容：☐很好 ☐普通 ☐差強人意 ☐應再加強 ☐不夠充實
6. 對這本書的整體包裝設計，您覺得：☐都很好 ☐封面吸引人，但內頁編排有待加強 ☐封面不夠吸引人，內頁編排很棒 ☐封面和內頁編排都有待加強 ☐封面和內頁編排都很差

寫下您對本書及出版社的建議：

1. 您最喜歡本書的特點：☐實用簡單 ☐包裝設計 ☐內容充實
2. 您最喜歡本書中的哪一個章節？原因是？

＿＿＿＿＿＿＿＿＿＿＿＿＿＿＿＿＿＿＿＿

＿＿＿＿＿＿＿＿＿＿＿＿＿＿＿＿＿＿＿＿

3. 您最想知道哪些關於親子教養方面的資訊？

＿＿＿＿＿＿＿＿＿＿＿＿＿＿＿＿＿＿＿＿

＿＿＿＿＿＿＿＿＿＿＿＿＿＿＿＿＿＿＿＿

4. 兒童智能開發、心靈啟蒙、育嬰胎教等，您希望我們出版哪一類型的親子書籍？

＿＿＿＿＿＿＿＿＿＿＿＿＿＿＿＿＿＿＿＿

＿＿＿＿＿＿＿＿＿＿＿＿＿＿＿＿＿＿＿＿